現代に共鳴する昔話

—異類婚・教科書・アジア—

石井正己　著

異類婚・教科書・アジアの昔話

1　日本の基層に息づく異類婚

日本の昔話を考えるとき、最も重要な話型に人間と人間ではない異類との結婚を語る「異類婚」があることは、誰もが納得するでしょう。異類婚は異類の性別によって二分され、男性の場合は「異類婿」と呼び、「蛇婿入り」「犬婿入り」などがあり、女性の場合は「異類女房」と呼び、「狐女房」「鶴女房」などがあります。しかも、日本の場合、民間に伝わる昔話だけでなく、八世紀に『古事記』『日本書紀』の神話が残されていて、その中には神々の結婚があり、異類婚の前史をたどることができます。

例えば、『古事記』上巻で、山幸彦（火遠理命《ほおりのみこと》）は海神の宮に行き、その娘・豊玉毗売命《とよたまびめのみこと》と結婚します。豊玉毗売命は海辺に建てられた産屋で出産する際、「もとの身になって産むので、見ないでください」と言います。しかし、山幸彦が覗くと、八尋鰐《やひろわに》（長く大きな鰐とも鮫ともいう）になっていました。豊玉毗売命はタブーが守られなかったので、生まれた子・鵜葺草葺不合命《うがやふきあえずのみこと》を残して帰ります。鵜葺草葺不合命は叔母の玉依毗売命《たまよりびめのみこと》と結婚し、神倭伊波礼毗古《かむやまといわれびこ》、後の初代・神武天皇が生まれます。

さらに、中巻の崇神天皇条には、疫病が起こった時に天皇の夢に大物主の大神が現れ、「意富多多泥《おおたたね》古《こ》に私を祭らせれば祟りは鎮まるだろう」と言いました。天皇がその人を捜して素性を尋ねると、「大物主の大神の子孫・建甕槌命《たけみかづちのみこと》の子だ」と答えます。活玉依毗売《いくたまよりびめ》に男が通ってきて懐妊しますが、素性がわからず、父母が「赤土を床に散らし、麻糸を針に貫いて着物の裾に刺せ」と教えます。麻糸は戸の鉤穴を通り、三輪山の神の社《やしろ》にとどまっていたので、男の正体は大物主の大神（蛇）であり、意富多多泥古は神の子孫だとわかります。

前者は天皇の始祖神話で、神々の結婚ですが、「異類女房」の原型と見られます。後者は割注に、神《みわ》の君と鴨《かも》の君の始祖神話だとあり、やはり神々の結婚ですが、「異類婿」の原型と言っていいでしょう。神話の中に「異類婚」の原型が見られ、一族の始祖の誕生を語る点が重要です。こうした神話は各地の伝説に継承されますが、一方、昔話では離別を語って神話から距離を取ります。しかし、山幸彦が「見るな」のタブーを侵犯して豊玉毗売命と離別したことからすれば、この問題はすでに神話に内包されていたのです。

こうした八世紀の神話は天皇制の根拠を語る文脈の中で記録されました。それに対して戦後、柳《やなぎ》田国《たくに》男《お》は『口承文芸史考』（中央公論社、一九四七年）で、語り継がれた昔話・伝説・語り物から遡源すれば神話が再構築できるという仮説を述べました。その仮説に従って、やがて監修した『日本昔話名彙』（日本放送出版協会、一九四八年）で、「完形昔話」と「派生昔話」に分類し、個々の昔話を整理しました。この本は壮大な仮説を実証するために昔話を系統化したと見るべきでしょう。

その後、国文学では御伽草子の寺社縁起になるような本地物を「中世神話」と呼んで、神話の概念を歴史的に拡大しました。また、儀礼や祭祀の中に神話が生きている沖縄の場合には「琉球神話」と呼びましたが、北海道のアイヌの場合には「アイヌ神謡」と呼んで、空間的に神話の概念を拡大しました。こうした動きは『古事記』『日本書紀』に残された「記紀神話」を相対化しようとするものでした。

信仰に支えられる神話や娯楽として楽しまれる昔話は、文明の発達に伴って失われてゆくと思われました。それは確かにそのとおりで、ガス・水道・電気が普及し、テレビ・洗濯機・冷蔵庫が家庭に入ると、茅葺きの民家は建て替えられ、囲炉裏も姿を消しました。しかし、二〇世紀の終わりから各地の伝統を見直す動きが始まり、女性たちが昔話を語りはじめます。

そうした動きに刺激されたのかどうかはわかりませんが、神話や昔話・伝説が映画や小説に現れることが増えました。ジブリ映画の諸作品はその典型ですが、注目されるのは異類婚姻譚を取り込んだ小説が次々に現れていることです。近代文学が民間伝承から自由でないことは、野村純一《のむらじゅんいち》他編『日本説話小事典』（大修館書店、二〇〇二年）でも指摘されていましたが、そうした傾向がより顕著になっています。小沢俊夫《おざわとしお》が『世界の民話―ひとと動物との婚姻譚―』（中央公論社、一九七四年）で日本の昔話とヨーロッパの昔話の比較によって違いを示したモデルが貴重です。こうした現象は、日本の基層に異類婚に対する共感が今もなお息づいていることを示すと思います。

2　学習指導要領に見える認識

そこで注意されるのは、『小学校学習指導要領（平成二〇年告示）』（文部科学省）の国語に「伝統的な言語文化に関する事項」が新設され、低学年に「昔話や神話・伝承などの本や文章の読み聞かせを聞いたり、発表し合ったりすること」の一条が入ったことです。この記述で重要なのは「神話」が明記されたことでしょう。戦後の教育ではタブー視されてきた神話が復活し、必ず神話を入れなければ教科書検定を通らなくなったのです。

その結果、東日本大震災直後から使用された国語教科書では、「因幡《いなば》の白兎《しろうさぎ》」が採択され、「八岐《やまた》の大蛇《おろち》」も入りました。古典の入門とは言え低学年ですから、『古事記』の原文ではなく、作家が子供向けに書き改めた文章です。どちらにしても、天皇の系譜につながる高天原系の神話ではなく、傍流と言っていい出雲系の神話から採っています。おそらく教科書の編纂者も小学校の先生も気がついていないと思いますが、これらの神話は戦中までの国定国語教科書で繰り返し採択されてきた神話です。

この「神話」をめぐる問題は今はおくとして、学習指導要領の記述として気になるのは、「昔話や神話・伝承など」とあることです。次の『小学校学習指導要領（平成二九年告示）』（文部科学省）の国語でも、「昔話や神話・伝承などの読み聞かせを聞くなどして、我が国の伝統的な言語文化に親しむこと」とされ、この部分の記述は変わっていません。「昔話」「神話」はともかく、この「伝承」が何を指すのかは曖昧です。なぜならば、「伝承」は「昔話」「神話」と並列される概念ではなく、それらを包括するような概念だと考えられるからです。

学習指導要領の改訂に関わっているのは国語科教育の研究者なので、仕方がないと言ってしまえばそれまでですが、あまりにも不勉強だと言っておきましょう。これは、国文学というより、民俗学に対する認識がないことによると思います。それは、続いて「本や文章の読み聞かせを聞いたり」とあることからもはっきりします。この記述からは「昔話や神話・伝承など」は「本や文章」に書かれたものとしてしか存在しないと考えられています。しかし、すでに述べたように、地方には方言で語る話が今も豊かにあります。国語科の授業では当たり前のことかもしれませんが、地方の文化をまったく顧みていないように思います。

先の「伝承」は、民俗学を学んだ者ならば誰でも、「伝説」とあるべきことに気がつくはずです。おそらく学習指導要領も「伝説」の意味で「伝承」と使っているらしいことは、採択された教科書に、「みなさんが暮らす地域に伝わる話を調べてみましょう」といった学習を促す内容があることからも想像されます。「昔話」が不特定の場所・人物として語るのに対して、「伝説」はその地域に実際に存在したと信じられている特定の場所・人物にちなんで語ります。国語科より社会科で学習するのかもしれませんが、「伝説」を扱えばそれぞれの地域に即した学習を深めることができます。

実は、低学年の国語教科書ですべてが第一学年で採択しているのは「おおきなかぶ」です。累積昔話の構造はわかりやすく、原典にない「うんとこしょ　どっこいしょ」という掛け声の繰り返しは子供たちに親しみを与えます。この話を読んだ後で、演劇にする場合も少なくありません。しかし、「おおきなかぶ」は学習指導要領の述べる「伝統的な言語文化」には該当しません。これはロシアの民話であり、日本の古典でもなければ、日本の「昔話や神話・伝承など」でもないからです。しかし、小学校の先生の多くは外国の民話とは認識せず、挿絵を見て初めてそれに気がつくようです。

はっきり言ってしまえば、小学校の先生は指導書に頼るのではなく、「昔話」「神話」「伝承」の思想や構造・表現についてしっかり勉強する必要があるでしょう。そうでなければ、なんとなく知っている「自分流」の「昔話」「神話」「伝承」を子供たちに押しつけるだけで終わってしまいます。そして、重要なのは「本や文章」を使いながらも、最初に「読み聞かせ」をするのは先生であることです。教科書がありながらもそれを「聞いたり」することが子供たちに求められます。低学年で「聞く力」を重視するのは、国語科の学習として大切なことではないかと思います。

3　アジアの文化交流の重要性

学習指導要領の「伝統的な言語文化」の「伝統」は、日本の伝統しか想定していないことを述べました。『小学校学習指導要領（平成二九年告示）』（文部科学省）の国語では、「我が国の伝統的な言語文化に親しむこと」と明示されましたので、曖昧さはありません。「国語」という教科は「我が国の」というナショナリズムと親和性が高いことは容易に気がつきます。そこで、世界各国の国語教科書で昔話をどのように位置づけているのかを知りたいと思い、石井正己編『世界の教科書に見る昔話』（三弥井書店、二〇一八年）を発行しました。この中には、日本・韓国・中国をはじめ、インド・ドイツ・ロシア・フランス・アメリカで使われている現行の国語教科書の昔話が解説されています。

しかし、今、日本の社会は急速に国際化が進んでいます。二〇〇〇万人を超える外国人観光客が訪れていますし、二〇〇万人を超える外国人労働者が来ています。社会だけでなく、教室の国際化はますます進むでしょう。そこで、この編著では「外国人の子どもたちの言語・文化の継承」という一文も収録し、日本で暮らす外国人の子供たちが地域や学校でどのように言語や文化を継承しているのかを述べています。実は、小学校での「伝統的な言語文化」は学習指導要領の範囲を超えて、グローバル化する必要に迫られているのです。

そうした時に思い出されるのは、松谷《まつたに》みよ子さんの監修を得て野村敬子《のむらけいこ》さんが責任編集し、星の環会から刊行した「アジア心の民話」でしょう。①野村敬子編、三栗沙緒子《みつくりさおこ》絵『オリーブかあさんのフィリピン民話』、②野村敬子編、松田《まつだ》けんじ絵『チュ・ママの台湾民話』、③松谷みよ子編、三栗沙緒子絵『少女が運んだ中国民話』、④坂入政生《さかいりまさお》編・語り、小島祥子《こじましょうこ》絵『語りおじさんのベトナム民話』、⑤杉浦《すぎうら》邦子《くにこ》編・語り、本多厚二《ほんだこうじ》絵『語りおばさんのインドネシア民話』、⑥野村敬子編、藤田《ふじた》のりとし絵『キムさんの韓国民話』（すべて二〇〇一年）の全六冊です。

一つのシリーズですが、それぞれの絵本が生まれた事情は異なります。語り手は、①国際結婚でフィリピンから山形県に嫁いできた須藤オリーブさん、②国際結婚で台湾から静岡県に嫁いできた邱月茘《チュエイシュウ》さん、③母親の国際結婚で中国から山形県に来た栗田美和《くりたみわ》さん、④ベトナム難民の方々との交流で民話を学んだ坂入政生さん、⑤父親の転勤でインドネシアで暮らす孫を訪ねて民話を覚えた杉浦邦子さん、⑥国際結婚で韓国から千葉県に嫁いできた金基英《キムキヨン》さんです。国際結婚や国際難民・海外転勤などで日本の国際化が進んだ状況を捉えて、まったく新しい民話絵本を作成したのです。

思えば、二〇世紀をかけて、アジアでは昔話のタイプ・インデックスが作成されました。日本では関《せき》敬吾《けいご》の『日本昔話集成』（角川書店、一九五〇～五八年）と『日本昔話大成』（角川書店、一九七八～八〇年）が発行され、韓国でも崔仁鶴《チェインハク》の『韓国昔話の研究―その理論とタイプインデックス―』（弘文堂、一九七六年）、中国でも丁乃通《ティンナイトン》の『中国民間故事類型索引』（青風文芸出版、一九八三年）が発行されました。これらによって、アジアの昔話の分布がずいぶん明らかになったと言っていいでしょう。

日本ではさらに、小沢俊夫・稲田浩二《いなだこうじ》責任編集『日本昔話通観』（同朋舎、一九七七～九八年）が六万話をもとにしたタイプ・インデックスを作成しました。そこから稲田浩二責任編集の『日本昔話通観　研究篇1　日本昔話とモンゴロイド―昔話の比較記述―』（同朋舎、一九九三年）が発行され、「比較の範囲」を「日本の民族の主たる居住地、日本列島を中心に、これまで日本民族と人種的・文化的に深い関係があり、日本昔話の起源と展開に大きくかかわると推定される、国家と民族――モンゴロイドに属する民族を中心に、東アジア・東南アジア・インド亜大陸・中東地域・北アジア・南北アメリカ大陸・オセアニア（ミクロネシア・メラネシア・ポリネシア）・マダガスカル島など」としました。

その後、国際的な比較研究はさらに進むかに思われましたが、少なくとも日本国内では停滞気味のように思われます。そうした中でも、崔仁鶴・厳鎔姫《オムヨンヒ》編著『韓国昔話集成』日本語版（悠書館）が全八巻のうち第五巻（二〇一八年）まで発行されています。日本の研究者の協力を得てまとめられ、【解説】は日本と中国との比較を簡潔で的確に述べているのが目を引きます。こうした労作によって、精緻な比較研究は進展していると言えますが、個別の話型を超えるようなダイナミックな研究がなくなっているように思われます。

そうした時、野村敬子さんが責任編集した「アジア心の民話」のシリーズは、二一世紀における昔話の可能性を模索する大切な動きではなかったかと思います。国際化が急速に進む時代に向き合いつつ、災害や環境、社会や家族が抱えた課題と対応できるような学問の再構築が必要です。柳田国男を引き合いに出すのはもう古いと感じる人があるかもしれませんが、こうした方向を模索するための最大の手がかりはその苦闘の中にあると考えています。本書は未来の昔話の研究や継承に対して明快な回答が出せているわけではありませんが、ここ数年の模索の一端を開陳してみました。ご関心のあるところから自由にお読みくださり、意図するところをお酌み取りくだされば何よりの幸いです。

二〇一九年五月一日、東京の自宅にて

石井正己

参考文献

・石井正己「国語・日本語教育史における神話教材のイデオロギー」、「帝国日本の教科書に見る天皇神話」、「神話・儀礼・教育」、研究代表者松村一男『平成三〇年度科学研究費補助金基盤研究（C）研究成果報告書　学校教育における神話教材整備のための予備調査』和光大学、二〇一九年二月

目　次

異類婚姻譚の系譜

1 「異類婚姻譚」の発見と展開

今回のテーマである異類婚姻譚を考えるにあたって、日本におけるこの学術用語の淵源を探ってみると、民俗学者・柳田国男《やなぎたくにお》の『桃太郎の誕生』（三省堂、一九三三年）に到り着きます。これは柳田が本格的な昔話研究に入ってゆく発端になった研究書であり、特に「小さ子」をめぐる信仰を明らかにしたものとして知られています。柳田は西洋の昔話を意識しながらこれを書き進めたことが随所にうかがわれますが、その中に次のような一節が見えます。

西洋でも数多く知られて居る異類求婚譚（ラベルエラベット）、即ち人間の美女又は美男と、鳥獣草木などの人で無いものとが縁を結んだといふ昔話などは、日本一国の内に於ても非常な変化発達を遂げ、しかも其経路が今も尚大よそは跡づけ得られる。たとへば幼少な者が笑ひそゞろいて聴く猿聟入のおどけた話から、遠くは三輪山箸墓の伝説と、筋の続きを認められる敬虔な或旧家の昔語りまで、現に其進化の中間の十数段階が、地を接して同時に併存して居るのである。

ここでは「異類求婚譚」と呼んでいますが、「人間の美女又は美男と、鳥獣草木などの人で無いものとが縁を結んだといふ昔話」という定義からすれば、異類婚姻譚を意味したことは明白です。しかも、「西洋でも数多く知られて居る」と修飾することからすれば、この概念を西洋の研究から導入したと見てまちがいありません。しかし、そこには西洋の研究に対する痛烈な批判があって、「日本一国の内に於ても非常な変化発達を遂げ、しかも其経路が今も尚大よそは跡づけ得られる」という自負がありました。その際に、「猿聟入」から「三輪山箸墓の伝説」と「旧家の昔語り」までが連続していると見ています。「猿聟入」「蛇聟入」といった個別の話型単位で変化を見るのではなく、異類婚姻譚の系譜をダイナミックに捉えようとした点が注意されます。

しかし、この「異類求婚譚」は学術用語として定着することはありませんでした。一時期は「異類相婚譚」(『日本文学大辞典　第3巻』新潮社、一九三四年)という用語を使ったこともありました。だが、まもなく、「もつと動かせない確かな証拠は、竊《ひそ》かに覗いて見るなの戒めを破る条に在る。これは非常に古い且つ普遍的な、殆と異類婚姻譚の要素ともいふべき部分だが、それも追々に時代につれて変りかけて居る」、「大話の系統の天上聟入の一話に、天人が匿《かく》された羽衣を見つけ出して、それを着て天へ還つた後から、千頭の黄牛を土に埋めてその上に瓜を播くと、瓜の蔓が伸びて天に届き、それを梯子にして登つて行つたと謂つたり、もしくは長い竹が成長して天の米庫を突破り、それを樋にして屋敷に米の山が降り積もつたと謂つたりすることは、この古くして又世界的なる異類婚姻譚の、日本に於ける近世式変化であつた」（『昔話と文学』創元社、一九三八年）のように、「異類婚姻譚」の用語が定着することになります。

やがて柳田国男は『口承文芸史考』（中央公論社、一九四七年）で昔話発生論を構想し、それにもとづいて『日本昔話名彙』（日本放送出版協会、一九四八年）を監修の立場で刊行しました。これは独自の昔話のタイプ・インデックスであり、「完形昔話」「派生昔話」の二分類を用いて、日本の昔話の全体像を示しました。その中には異類婚姻譚の分類はなく、「天人女房」「鶴女房」「狐女房」「魚女房」「竜宮女房」「蛇女房」や「蛇聟入」「猿聟入」が「完形昔話」の「幸福なる婚姻」に入っています。だが、「隣の寝太郎」「山田白滝」「難題聟」が入っているように、「幸福なる婚姻」こそが分類の指標であり、異類という要素は二次的なものにすぎません。異類婚姻譚はその中に組み込まれてしまっています。むしろ、異類婚姻譚は破局を迎えるのに、そのことを承知で「幸福なる」という言葉で修飾したことが注意されます。そこに見られるずれには、昔話は神話の末裔であるという認識が作用していると思われます。

それに対して、『桃太郎の誕生』が開いた世界的な認識は、昔話の国際的な比較研究をめざした関敬《せきけい》吾《ご》に受け継がれたと思われます。関の『日本昔話集成』（角川書店、一九五〇～五八年）は国際的なＡＴ分類を元にした昔話のタイプ・インデックスであり、「動物昔話」「本格昔話」「笑話」の三分類を用いて、日本の昔話を世界の中に位置づけました。柳田と同じように「婚姻」を置きますが、その中を「婚姻・美女と獣」「婚姻・異類女房」「婚姻・難題聟」に分け、「美女と獣」「異類女房」に異類婚姻譚を整理して、先の「隣の寝太郎」「山田白滝」「難題聟」は「難題聟」に引き渡しています。柳田の付けた「幸福なる」という修飾が削除されたのは、神話からは切り離して、昔話そのものを考えるからでしょう。

まず「婚姻・美女と獣」は、「この章には Beauty and the Beast と謂われる一群の婚姻譚を集める。人間の女性と異類の男性との婚姻を主題としたものである。この系統の昔話の分類は世界的でかつ歴史的にも古い」とします。その上で、「蛇聟入　苧環《おだまき》型／水乞型／河童《かっぱ》聟入型」「鬼聟入」「猿聟入」「蛙報恩／蟹報恩」「鴻の卵」「犬聟入」「蜘蛛聟入」「蚕神と馬／蚕由来」「木魂聟入」を挙げます。また、「婚姻・異類女房」は、「この章には異類の女性と男性との婚姻を主題としたものを綜合する。アアルネが Supernatural wife として分類しているものである。わが国の話は多くは報恩譚の形式をとっている」とします。その上で、「蛇女房」「蛙女房」「蛤女房」「魚女房」「竜宮女房」「鶴女房」「狐女房　聴耳型／一人女房型／二人女房型」「猫女房」「天人女房」「笛吹聟」を挙げます。

関敬吾は、その後、日本各地で行われた録音技術を使った調査によって急激に増大した資料を入れ込んで、『日本昔話集成』を増補改訂した『日本昔話大成』（角川書店、一九七八〜八〇年）を刊行します。「婚姻・美女と獣」の名称は「婚姻・異類聟」と改め、「この章には動物ならびに超自然的なものと人間女性との婚姻を主題とする話を一括する。その基本的要件は異類は昼は本来の姿をとり、夜は人間の姿をとる。両者のあいだは婚姻もしくはこれに類する性的関係によって結ばれる。両者の結合は一定の規範を守ることによって成立する。この原則から離れたものもあるが、ここではあえて修正しない」と解説しました。

また、「婚姻・異類女房」の名称はそのままで、「この章では異類女房譚を一括する。これらの物語に共通する点は、婚姻関係は一定の規範を守ることによって成立し、持続するが、異類側からの強い要請にもかかわらず、人間男性によってその規範は破られ、婚姻関係は破局に終わる。この点は異類聟においてもいわれる。西欧の研究者の多くが、この種のわが伝承をメルジーネ伝説とみる」などと解説しました。

どちらの場合も『日本昔話集成』より踏み込んだ解説がなされていますが、西洋の研究の成果を直接持ち込む態度は後退したように見えます。一方、『日本昔話大成』では、「蛇聟入・苧環型（AT425A; AT433A）」のように、ＡＴ番号との対照を徹底したことが確認できます。

次いで、小沢《おざわ》俊夫《としお》・稲田《いなだ》浩二《こうじ》責任編集『日本昔話通観』（同朋舎、一九七七〜九八年）は「むかし語り」「動物昔話」「笑い話」の三分類で、都道府県別に日本の昔話を集成し、「むかし語り」の「婚姻」に〈異類婿〉〈異類女房〉を設けました。〈異類婿〉は「蛇婿入り　糸針型／豆炒り型／立ち聞き型／嫁入り型／姥皮型／鷲の卵型／蟹報恩型／娘変身型／契約型」「蛇の求愛」「鬼婿入り」「たら婿入り」「くも婿入り」「猿婿入り　嫁入り型／里帰り型／火焚き型」「猪婿入り」「犬婿入り　始祖型／仇討ち型」とし、〈異類女房〉は「観音女房」「絵紙女房」「竜宮女房」「竜宮の婿とり」「絵姿女房　難題型／物売り型」「魚女房」「貝女房」「はんざき女房」「天人女房」「星女房」「月女房」「蛇女房」「狐女房　離別型／聞き耳型／田植え型」「熊女房」「猫女房」「蛙女房」「鶴女房　離別型／謎解き型」「鳥女房」「木霊女房」「花女房」「しがま女房」「雪女房」に分けました。

これは関敬吾の分類をさらに徹底したものであり、異類ごとに明快な話型を立項しています。さらにサブタイプの区別も詳細で、例えば、「蛇婿入り」は九種類に分けています。こうした分類によって話型ごとの詳細な研究は進めやすくなりましたが、柳田国男が行ったような話型を越える研究は困難になり、研究の細分化につながったと言えなくもありません。むしろ、重要なのは、稲田浩二責任編集の『日本昔話通観　研究篇1　日本昔話とモンゴロイド—昔話の比較記述—』（同朋舎、一九九三年）、『日本昔話通観　研究篇2　日本昔話と古典』（同朋舎、一九九八年）を用意したことです。これによって、日本の昔話の共時的研究と通時的研究が可能になりました。しかし、せっかくの成果にもかかわらず、十分に活用されているとは言いがたいと思います。

2　馬娘婚姻譚とオシラサマ信仰

柳田国男の『遠野物語』（私家版、一九一〇年）は、後に日本民俗学の記念碑として位置づけられた著作です。山や里・家の神や天狗・河童といった妖怪、狼や熊のような野生動物と人間が共に生きていた様子が、一一九話ほどの小さな話でまとめられています。その中に、馬と娘の結婚を語る異類婚姻譚が載ります。これは、イタコと呼ばれる北東北地方の盲目の女性宗教者が唱える「オシラ祭文」としても伝えられ、今野円輔《こんのえんすけ》は「馬娘婚姻譚」と命名して整理しました。

六九話はその後の研究の出発点になった話です。土淵村山口の大同《だいどう》の当主・大洞万之丞《おおほらまんのじょう》の養母・おひでは、八〇歳を超えて達者でした。この老女が昨年（一九〇九年）の旧暦正月一五日に語ったのは、次のような話でした。「昔ある処に」という冒頭から見ると、昔話として語られたにちがいありません。

昔ある処に貧しき百姓あり。妻は無くて美しき娘あり。又一匹の馬を養ふ。娘此馬を愛して夜になれば厩舎《うまや》に行きて寝ね、終《つひ》に馬と夫婦に成れり。或夜父は此事を知りて、其次の日に娘には知らせず、馬を連れ出して桑の木につり下げて殺したり。その夜娘は馬の居らぬより父に尋ねて此事を知り、驚き悲しみて桑の木の下に行き、死したる馬の首に縋《すが》りて泣きゐたりしを、父は之を悪《にく》みて斧《をの》を以て後《うしろ》より馬の首を切り落せしに、忽ち娘は其首に乗りたるまま天に昇り去れり。オシラサマと云ふは此時より成りたる神なり。馬をつり下げたる桑の枝にて其神の像を作る。其像三つありき。本《もと》にて作りしは山口の大同にあり。之を姉神とす。中にて作りしは山崎の在家《ざいけ》権十郎《ごんじふらう》と云ふ人の家に在り。佐々木氏の伯母が縁付きたる家なるが、今は家絶えて神の行方を知らず。末にて作りし妹神の像は今附馬牛《つくもうし》村に在りと云へり。

父は娘が馬と夫婦になったことを知って馬を殺しますが、娘が馬の首に乗って昇天してしまったので、馬を吊した桑の木でオシラサマの神像を作ったとします。この話が語られた場は小正月のオシラ遊びであり、柳田国男の『遠野物語　増補版』（郷土研究社、一九三五年）に収められた「遠野物語拾遺」の拾遺七九話に詳しく書かれています。遠野地方のオシラ神祭は主に旧暦正月一六日に行われ、山口の大同家にはオシラサマの取子たちが鏡餅を背負って集まります。巫女婆様《いたこばあさま》が仏壇の箱からオシラサマを取り出し、取子の娘や女たちが花染めの布を着せて白粉《おしろい》を頭に塗り、壇上に飾ります。鏡餅は小豆餅に作って神様に供え、取子たちも食べます。その後、巫女婆様は神体を手に執ってオシラ遊びを行い、神様の由来を述べて神様を慰め、それから短い章句を合唱します。次に、娘たちは神体を炉端に持ってきて両手で回し、各自一年の吉凶を占いました。おひでは巫女婆様と呼ばれ、上記の昔話はオシラサマの由来譚にあたることが確かめられます。

また、拾遺七七話には、土地によって異なるオシラ神の由来譚を挙げます。附馬牛村の伝説では、天竺の長者の娘が馬に嫁ぎ、父が悪んで馬を殺して皮を松の木に懸けると、馬の皮が娘の体を包んで天に飛びます。遠野町の話では、田舎の娘が馬に嫁ぐと、父は怒って馬を桑の木に繋いで殺したので、娘は馬の皮で小舟を張り、桑の木の櫂を操って海に出ましたが、海岸に打ち上げられ、皮舟と娘の亡骸《なきがら》から虫が湧き出し蚕になります。土淵村では、父が馬を殺すのを見た娘が、「三月一六日の朝、庭の臼の中に父を養う物がある」と言って馬と天上に飛び去りましたが、その日、臼の中に馬の頭をした白い虫(蚕)が湧いていたので、桑の葉で育てます。遠野町の話はうつぼ舟の漂流譚、附馬牛村の話は養蚕の起源譚になっています。

『日本昔話通観』では、このタイプの話を「蚕と娘」として立項し、中国の東晋時代(二六五~四二〇)の学者・干宝《かんぽう》の集めた志怪小説集『捜神記《そうしんき》』に残る「馬の恋」が起源だと見ています。「馬の恋」は、遠方に出征した父を恋しく思う娘が馬に、「父を連れて帰ったら結婚する」と言ったので、馬は一目散で迎えに行きました。父は娘から経緯を聞いて、「誰にも言うな。家門の恥になる」と言って馬を殺し、皮を剥いで庭に干しました。娘が馬の皮を踏み、「お前は畜生のぶんざいで、人間をお嫁さんにほしがるなんて、殺されて皮を剥がれたのも身から出たさびだわ。なんだってそんなばかなまねをしたのよ」と言うと、馬の皮は娘を包み込んで飛び去りました。数日後、庭の大木に蚕と化した娘と馬の皮が発見され、その繭からは通常の数倍の繭が取れたそうです。この話も新たな蚕の起源を語りますが、娘と馬の結婚は不成立であり、父も娘も馬をひどく侮辱している点が見られます。

この話が日本に入って定着した時期は、必ずしも明らかではありません。江戸時代、儒学者の林羅《はやしら》山《ざん》が一六九八年（元禄一一年）に『怪談全書』を著しています。「怪談」という枠組みで収録した話の中に「馬頭娘《ばとうろう》」があります。蜀《しょく》の国の昔、蚕叢《さんそう》という王がいましたが、この国にいた女の父が人に捕らえられました。女が父を思って食事もしないので、母が「父を連れて帰った者にこの女を与える」と誓約すると、その家の馬がこのことを聞いて、父を連れて帰りました。母が父に誓約を知らせると、父は「どうして人を畜類と結婚させることがあろうか」と言って馬を殺し、その皮を剥いで庭に広げました。すると、風が吹いて皮がまくれ、女を巻いて飛び去りました。一〇日ほど後、皮が飛んできて桑の木に止まり、女は蚕

林羅山『怪談全書』巻１「馬頭娘」
『仮名草子集成　第12巻』

になって桑の葉を食って糸を吐き、絹を織る起源となります。末尾の割注には「蜀ノ図経ニ見タリ」とありますが、『捜神記』をそのまま輸入したような話になっています。

ただし、末尾には別の伝承が見えます。この女が馬に乗って天に昇ったとき、男女数十人が従いました。その時、女は「父母の義理を忘れず、繰り返し天降って三所に住もう」と告げました。そのため、毎年、蚕を祈る者が四方から集まり、この女の像を作って馬の皮を着せ、「馬頭娘」と名づけたとするのです。女の像を作って馬の皮を着せた「馬頭娘」は、養蚕の信仰を祈る者の神像でした。これは、東北地方において、桑の木で娘と馬の一対のオシラサマの神像を作って祭ることにつながっています。

こうした儒学者の著作と東北のイタコの祭文や巫女婆様の昔話をつなぐ回路はなかなか見えてきません。父が馬の皮を剥ぐという内容があることから、この話の伝播に皮革の製造に関わった被差別民の関与があったと推測する説があります。修験や巫女を介しながら馬娘婚姻譚がオシラサマの信仰の中に定着したのでしょう。だが、『捜神記』や『怪談全書』では、父が馬を嫌悪しただけでなく、前者では娘が馬をひどく侮辱していることもあり、そもそも娘と馬の結婚は成り立っていません。

それに対して『遠野物語』では、「娘此馬を愛して夜になれば厩舎に行きて寝ね、終に馬と夫婦に成れり」として、馬と娘は互いに深い愛情を交わしています。父が憎悪したのも、馬が畜生だからというだけでなく、娘との親密な関係が許せなかったからにちがいありません。父は馬を殺しただけでは済まず、娘が死んだ馬の首に縋って泣いたので、それを憎んで斧で後ろから馬の首を切り落とします。「死したる馬の首に縋りて泣きゐたりし」という娘の行動は、馬に対する限りない愛情を示すものであり、父はそれが許せなかったのです。これは中国から輸入した話ですが、日本の昔話では馬と娘の関係が親密であることが大きく異なります。

3 「河童婿入」と河童の子殺し

馬と娘の結婚はオシラサマ信仰に収束されましたが、『遠野物語』にはそうはならない異類婚姻譚があります。それは、生まれてきた子供を河童の子だとして、殺したり棄てたりする話です。

五五話は、川には河童が多く住むが、猿《さる》ヶ《が》石川《いしがわ》は殊に多く、松崎村の川端《かわばた》の家《うち》では二代まで続けて河童の子を孕んだ者がいました。生まれた子は斬り刻んで一升樽に入れて土中に埋めましたが、その形は極めて醜怪でした。女の婿の里は新張《にいばり》村の川端の家でしたが、その主人が人に一部始終を語りました。

猿ヶ石川に棲む河童が川端の家の女に通ってきたのですから、「河童婿入」と呼んでもいいような話です。しかし、これは昔話ではなく、実際に起こった出来事として語られています。遠野地方で間引きが行われたことは事実ですが、これは単なる間引きの問題ではありません。実際に河童の子だったかどうかは明確でなく、子殺しを正当化する根拠として「河童婿入」の話型が使われたと見るべきでしょう。

松崎村の川端の家の者が畠に行って夕方帰ろうとすると、女が川の汀に踞《うずくま》って笑い、翌日の昼休みも同様でした。女の所へ村の者が通うという噂が立ち、始めは婿が浜へ駄賃附《だちんづけ》に行った留守を窺いましたが、婿と寝る夜も来るようになり、「河童だ」という評判が高くなりました。婿の母も娘の傍らに寝ましたが、深夜に娘の笑う声を聞いても身動きできませんでした。出産は難産でしたが、「馬槽《うまふね》に水を湛えて産めばいい」という意見を受け入れ、そうしてみるとその通りになりました。生まれた子は手に水掻があり、それが河童の子である証拠でした。だが、女の笑い声が河童との情交関係を暗示するだけで、河童が正体を現すことはありません。間男の噂を否定するように河童の評判が高まっていることからすれば、あくまで噂の次元にすぎませんが、水掻によって紛れもない事実にされているのです。

そして、「此娘の母も亦曾《かつ》て河童の子を産みしことありと云ふ。二代や三代の因縁には非ずと言ふ者もあり。此家も如法の豪家にて○○○○○と云ふ士族なり。村会議員をしたることもあり」と結びます。これは昔話ではなく、紛れもない実話であることを語っています。名家のスキャンダルとして実名が伏せられていますが、この伏せ字の箇所は草稿・清書・初校の段階まで実名が入っていて、再校で修正されたことが明らかになっています。詳細に固有名詞を書いてきた柳田国男の気持ちが最後に揺らいだことがわかります。それは、今で言えば、個人情報の問題が意識化されたことを意味するのでしょう。

確かにこの話では、河童の子が強く嫌悪されていますが、この家は何代にもわたって河童の子を産んできた血筋であると語られます。この状態を奇形児として説明する説が現れるのもそうしたところに原因があります。だが、これは名家を陥れるために周囲の人々が流した噂ではなく、同じく川端の家という屋号を持つ婿の家の主人が内部告発するようにして社会に広めています。単なるスキャンダルの暴露ではなく、この家の特殊性を誇示する目的が潜在していたのかもしれません。

続く五六話は河童の子を棄てた話です。上郷村の何某の家でも河童らしい物の子を産んだことがありました。確かな証拠はありませんが、身内が真っ赤で口が大きく、まことに嫌な子でした。忌わしいので棄てようと思って、これを抱えて道ちがえ（追分）に持って行き、そこに置いて一間ばかり離れました。その時にふと、「惜しきものなり、売りて見せ物にせば金になるべきに」と思い直して立ち帰りますが、早くも取り隠されて見えなかったそうです。

この場合も、河童の子は醜さゆえにひどく嫌悪されて棄てられましたが、あっと言う間に異界に連れ去られています。河童の子は殺されるだけでなく、棄てられることもあり、それが遠野地方の習俗だったので、この家でも実行したのです。だが、この話では、売って見世物にしたら金になったのに、もったいないという思考が入り込んでいます。見世物小屋の出し物に河童のミイラがあったからです。もはや民俗の履行ではなく、ここにはそれを裏切るような経済優先の思考が生まれています。結局、河童の子は取り隠されたので、民俗の伝統が強かったことになりますが、もう危ういところまで来ていたのです。誤解を恐れずに言えば、河童の子を棄てる以上に、河童の子を売って金にすることの方が遥かにおぞましいことではないかと思われます。この話の恐怖はそうしたところにあるのです。

4 始祖神話と異類婚姻譚の位相

『遠野物語』の一話には、大昔、遠野郷の地は一面の湖水でしたが、その水が猿ヶ石川となって人間世界に流出したので、そこに集落が誕生したと語られています。湖水が崩壊した理由は不明になっていますが、これは盆地の起源神話の断片と見ることができます。日本の盆地には、山形県の小国《おぐに》や山梨県の甲府、熊本県の阿蘇など湖水神話を語り伝える場所が少なくありません。

拾遺一三八話には、宮という旧家の始祖神話が見えます。宮家の元祖は今の気仙口《けせんぐち》を越えて鮭に乗って来ましたが、遠野郷は一円に湖水であり、鶩崎の山端《やまばた》に住み着きました。ある日、山に猟に行きましたが、鹿の毛皮を着るのを見た大鷲が攫《さら》って飛び揚がり、南の国の川岸の大木の枝に羽を休めます。その隙に短刀で刺し殺し、諸共に岩の上に落ちましたが、そこは絶壁だったので、下着を脱いで引き裂き、鷲の羽を綯《な》い合わせて綱を作り、それを伝って水際まで下ります。折よく一群の鮭が上って来たので、その背に乗って川を渡り、家に帰ることができたそうです。始祖は繰り返し鮭に乗って遠野にやって来たのです。

続いて拾遺一三九話には、鮭を食べてはいけないという食のタブーの起源が見えます。宮家が鶩崎にいた頃、愛宕山《あたごやま》には今の倉堀家の先祖が住んでいました。ある日、倉堀の者が御器洗場《ごきあらいば》に出ていると、鮭の皮が流れて来たので、「鶩崎に何か変事があるに相違ない」と言って、船を仕立てて出かけて危難を救いました。それ以来、宮家では鮭は決して食べなかったそうです。宮家の変事や危難の具体的な内容が何だったかは忘れられてしまいましたが、この家を救った鮭を食べないというタブーが生まれ、それがこの家の特異性を示す指標となっています。

さらに拾遺一四一話は開けてはいけないというタブーを破る話です。宮家には開けぬ箱があり、開けると眼が潰れるという先祖以来の厳しい戒めがありましたが、今の代の主人が三重の箱を段々に開けて見ると、中には市松紋様の布片《ぬのきれ》が一枚入っていただけだったそうです。箱を開けて見てはいけないというタブーが破られますが、眼が潰れることはなかったにちがいありません。先の話からすれば、この箱には宮家を救った鮭の皮が保管されていたはずですが、もはや市松紋様の布片にしか見えませんでした。それは、この家に伝わる神話がすでに忘却されたことを意味します。

一方、『遠野物語』初版の語り手であった佐々木喜善《ささききぜん》は、『聴耳草紙』（三元社、一九三一年）を刊行して、北東北地方の昔話を集大成しました。その中で、鮭に乗って来た始祖が鷲に攫われ、再び鮭に乗って戻る類話を集めています。「九九番　鮭魚のとをてむ」は、やはり宮家の先祖の話です。狩猟好きな幾代目かの主人が人畜に危害を加える鷹を獲ろうとして、逆に攫われますが、大鷲の援助で鷹を殺し、大きな鮭に乗って気仙の今泉まで戻ります。この話には後日談が続き、その人はそこで鮭漁場の帳付になり、今泉と高田の鮭漁場の境界争いの仲裁のために命を賭けます。その子孫は遠野へ帰り、家憲として鮭を食わないと伝え、やはり食のタブーの起源を語ります。

また、「九八番　鮭の大助」は竹駒村の相川家の話であり、鮭の大助とは鮭の王のことです。牧場の牛を鷲に攫われた主人が怒って、牛の皮を被って待っていると鷲が攫って行きましたが、その巣の羽で縄を綯って地上へ下ります。そこに老翁が現れ、「ここは玄界灘の中の離れ島である」と教え、「俺は実は鮭ノ大助である。年々十月二十日にはお前の故郷、今泉川の上流の角枯淵《つのがんぶち》へ行つては卵を生む者である」と言うので、主人は老翁の背中に乗って故郷に帰りました。そこで、「今でも毎年十月の二十日には礼を厚くして此羽縄に、御神酒供物を供へて今泉川の鮭漁場へ贈り、吉例に依つて鮭留め数間を開ける事にすると謂ふのである」とします。

主人がわざわざ牛の皮を被るというのは鷲を騙すためですが、それは神話的な変身を意味するにちがいありません。拾遺一三八話にも宮家の元祖が鹿の毛皮を着るとありましたが、単なる狩猟民の服装という以上に、本来は神話的な変身を意味したはずです。今泉川とは気仙川のことであり、その流域に伝わる伝説になっています。「鮭魚のとをてむ」では鮭漁場の帳付になったとありましたが、この話は鮭が産卵のために遡上できるように、一〇月二〇日には鮭留めを開けることになった由来として語られます。日本海側では、鮭の大助が遡上するのを一一月二〇日の恵比須講の晩であるとしたり、鮭の大助が遡上するまでは鮭の禁漁日としたりすると語られますが、それとよく似た話が太平洋側にもあったことがわかります。

別に、『聴耳草紙』には「九七番　鮭の翁」という話も載ります。気仙郡花輪村の竹駒に住む美しい娘を大鷲が攫って角枯し淵に落としました。すると淵の中から老翁が現れ、その背中に娘を乗せて家に送り届けてくれました。そして、「実は此老翁は鮭の大助であつた。そして後に其老翁は強いて娘に結婚を申込で遂に夫婦となつた。その子孫は今でも決して鮭を食はぬさうである」と結びます。花輪村というのは誤りで、やはり気仙川流域の伝説と考えられます。これは鵜住居《うのすまい》村の大町久之助が語っています。

この話には鮭に乗って来たという伝承はありませんが、後半は宮家の始祖神話と一致します。食のタブーも由来は異なりますが、共通します。そして、何よりも興味深いのは、老翁が鮭の大助の化身であり、娘と夫婦になって、今もその子孫がいるという伝えです。これもある家の始祖神話であり、人間の娘と鮭の老翁が結婚するので、「鮭婿入」と呼んでもいい話になっています。始祖が男性である場合に鮭は一族のトーテムとなっていますが、この場合には人間が女性であったために性的な関係が生まれ、異類婚姻譚に傾斜したと考えられます。これを語った大町は他にも「一〇〇番　鱈男」を語っていますが、ともに気仙郡に伝わる異類婚姻譚であることが注意されます。

そうした意味で注目される話が拾遺一四〇話にあります。遠野の裏町にこうあん様という医者がいて、美しい娘を持っていました。ある日の夕方、その娘は家の軒に出て表通りを眺めていて、そのまま神隠しになって行方が知れなくなりました。数年後、この家の勝手の流し前から一尾の鮭が跳ね込んだことがありました。それについて、「家では此魚を神隠しの娘の化身であらうと謂つて、其以来一切鮭は食はぬことにして居る。今から七十年ばかり前の出来事であつた」とします。この話は『聴耳草紙』の「九七番　鮭の翁」の注記にも載っています。この場合は鷲に攫われず、神隠し譚となっています。先の話型からすれば、娘は鮭に乗って家に帰ってくるはずですが、この場合、娘自身が鮭になって戻ってくるのです。異類婚姻譚のような対照関係にはならず、娘と鮭はなお未分化であり、娘自身が異類化したと認識したのです。

5　民話劇の中の異類婚姻譚

話題を転じてみましょう。第二次世界大戦後、日本を代表する劇作家・木下順二《きのしたじゅんじ》は、太平洋戦争の深い反省から、次々と民話劇を発表して民衆運動を進めました。民話劇は社会が直面する現実的な課題と向き合うことを使命感とし、民衆の話そのままではなく、新たな命を吹き込まなければ意味がないと考えました。柳田国男は新しい時代の思想を盛り込もうとする「民話」という言葉に対して、最晩年まで不快感を隠しませんでしたが、それほど社会的な影響が大きかったのです。そうした民話劇の象徴とも言える作品が「夕鶴」であり、ぶどうの会によって長く上演されました。

木下は東京帝国大学で英文学を学び、気概の英文学者・中野好夫《なかのよしお》に師事しました。戦争が激化していく一九四三年（昭和一八年）、木下は中野から、日本の民話を題材にした一幕物を書くように勧められました。早速神田の三省堂に行き、柳田国男編の「全国昔話記録」三冊を求め、佐渡弁の「鶴女房」を書いて中野に批評を乞うたそうです。「全国昔話記録」のシリーズの中に鈴木棠三《すずきとうぞう》の『佐渡島昔話集』（三省堂、一九四二年）があり、「二九　鶴女房（一）」「三〇　鶴女房（二）」「三一　鶴の恩返し」が含まれていました。これらはまさに「鶴女房」の話型に属する一群の昔話でした。それらをもとに佐渡弁の「鶴女房」を書き、それを改稿して、一九四九年（昭和二四年）の『婦人公論』に「夕鶴」として発表したのです。

この劇は、つうと与ひょうがすでに夫婦になっているところから始まります。村の惣どと運ずは、働き者だった与ひょうは女房をもらってから、懐手で大金もうけてすっかり怠惰になり、女房の布は町に持って行けば一〇両に売れ、町の人は「鶴の千羽織り」と呼んで、天竺にまで行かなければ見られない布だ、という噂をします。惣どは「（鶴の羽根を見ている）のう……鶴や蛇がのう、ほれ、人間の女房になるっちゅうはなしがあるのう」と話します。こうして異類女房譚を話題に出すものの、惣どは「ばかが、そげなことわかるもんけ。いや、そげなばかなはなしが……」と自ら否定して揺らぎます。しかし、冒頭から、与ひょうの女房・つうの正体が鶴であることを暗示していることは間違いありません。惣どと運ずにそそのかされた与ひょうはつうに、都に行ってどっさり金もうけしてくるために、またあの布が欲しい、と頼みます。そこに次のような台詞が見えます。

つう　そんなに都へ行きたいの？……「おかね」って、そんなにほしいものなの？
与ひょう　そらおめえ、金は誰でもほしいでよ。
つう　そんなにほしいの？　そんなに行きたいの？　そんなに……あたしよりもおかねが好きなの？　都が好きなの？　え？
与ひょう　そげに……つうのようにいうなら好かん。
つう　え？　好かん？
与ひょう　好かん好かん。おらつうは好かん。つうの意地わる。
つう　まあ……
与ひょう　布を織れ。都さ行くだ。金もうけてくるだ。

こうしたやりとりの中で、つうは与ひょうの話す言葉がどんどんわからなくなってきますが、結局、死んでしまうかもしれない覚悟で布を織ることにします。そこに惣どと運ずがやって来て機屋を覗くと、鶴が機を織っていました。我慢できなくなった与ひょうも覗いてみると、つうはいなくて、鶴がいるだけでした。

つうは布を織り上げて与ひょうに渡しますが、機を織るのを見てはいけないという約束を破って覗いたことを恨み、「あたしはもう人間の姿をしていることができないの。またもとの空へ、たった一人で帰って行かなきゃならないのよ」と言って消えます。子供の一人が「あ、鶴だ、鶴だ、鶴が飛んでる」と空を指さし、与ひょうは「つう……つう……（鶴を追うように、一、二歩ふらふらと。――布をしっかりとつかんだまま立ちつくす）」として終わります。機を織るのを見てはいけないというタブーが破られて、夫婦関係が破局を迎えるのは昔話の「鶴女房」と同じです。

だが、惣どと運ずにそそのかされたとは言え、やさしかった与ひょうが金もうけのとりこに変貌してゆき、それゆえに夫婦が葛藤する様子は、昔話には見られません。布を受け取った与ひょうは、「なあ、つうよ、いっしょに都さ行こう」とも言っています。都は布を高く売る場所であり、お金もうけをして新たに暮らしたい場所だったのです。異類の鶴が人間の男性に話す言葉には、当然、木下の思想が込められています。異類婚姻譚の話型を生かしながらも、そこに戦後の復興を歩みはじめた日本人への痛烈な批判意識があったことは間違いありません。そして、その後七〇年、日本人は与ひょうと同じように、つうの言葉に耳を傾けずに生きてきたことも否定できないはずです。

6 現代小説に見る異類婚姻譚三編

今、日本では、現代小説の中にしばしば異類婚姻譚が見られるようになってきました。なぜ現代小説に異類婚姻譚が頻繁に見られるようになったのか、きわめて重要なテーマが潜んでいるように思われます。ここでは、その入口として代表的な三作品を挙げてみます。

A　多和田葉子『犬婿入り』

ドイツに拠点を置いて活躍する小説家・詩人の多和田葉子《たわだようこ》は、一九九二年（平成四年）、『犬婿入り』（講談社、一九九三年）で、第一〇八回芥川賞を受賞しました。タイトルの「犬婿入り」そのものが異類婚姻譚であることを示しています。実際、「犬婿入り」は昔話研究で使われてきた話名であり、そのままタイトルに使われたと言っていいでしょう。多和田がこうした民間伝承をどのように認識していたのかが気になりますが、まずは作品を紹介してみましょう。

子供たちが〈キタナラ塾〉と呼び、とにかく行きたがる多摩川べりの学習塾は、北村みつこが経営していました。子供たちはみつこが「鼻紙を三回使うといい」と言ったという話をするので、母親の間では妙な噂が飛び交いました。それをさらに刺激したのは犬婿入りの話でした。しかし、低学年の子は長い話なので、再現することができず、高学年の子や中学生は恥ずかしいので、親に黙っていました。母親たちが耳に入ってきた話の切れ端をつなぎ合わせると、次のようでした。

昔、女がお姫様の身のまわりの世話をしていましたが、用を足した後でお尻を拭くのが面倒なので、お姫様のお気に入りの黒い犬に、「お姫様のお尻をきれいになめておあげ。そうすればいつかお姫様と結婚できるよ」と言っていました。しかし、その後の記憶はばらばらで、黒い犬はお姫様をさらって森に入り、嫁にしてしまった、と言う子もいれば、お姫様の両親が怒って、黒い犬とお姫様を島流しにしてしまった、と言う子もいました。

この話にはそれぞれ続きがあります。前者は、猟師が犬を撃ち殺してお姫様を嫁にしますが、猟師が寝言でそれをもらすと、お姫様はためらわずに猟師を撃ち殺してしまった、という話です。後者は、お姫様は息子を産みますが、黒い犬が病気で死んでしまい、自分の息子と交わって子供をもうけ、種族を増やした、という話でした。

母親たちはこうした話を聞いて心配しますが、カルチャーセンターで民話研究の講座を取っている母親が、「でもあの昔話、実際にあるんですってよ」と言います。しかし、そんな話を聞いたことはないので、「北村先生は東南アジアかアフリカか、そんなような遠い土地を長年放浪していたのではないか」という憶測も出て来て、みつこに関する噂には幅と厚みが増します。

塾も夏休みになったある日、太郎と名のる男が突然やって来て、みつこの服を脱がして体を重ねて首をチュウチュウと吸い、肛門をペロンペロンと舐めました。それから、男との奇妙な同居生活が始まります。男の生活のリズムは尋常ではなく、日中は眠ってばかりいますが、夕方になると元気が出てきてみつこと交わりたがり、夜になると家を出て帰って来ると、一晩中みつこと交わりたがります。やがて、「先生の家には若い男性が住んでいらっしゃるんですってね」という噂が広がります。

この太郎が犬男であり、「犬婿入り」は単なる昔話ではなく、現実になっています。そして、この小説では、もう一つの話とつながります。折田という母親が太郎を見て、「イイヌマ君じゃないの」と言うのです。彼女の説明によれば、この男は飯沼太郎と言い、折田の夫が勤める薬品会社に就職し、同じ課にいた良子と四年前に結婚しましたが、一年ほどすると姿を消してしまった、と言うのです。

良子がみつこを訪ねて来て男を見て、みつこが良子を訪ねると、あの男は自分の夫だが、夫は三年前、犬に襲われて噛まれ、蒸発してしまったと言います。そして、夫は松原利夫と〈夜遊び〉をしていると言うのですが、松原は塾に来ている扶希子の父親でした。みつこは扶希子を世話するようになり、飯沼太郎と松原利夫は旅行に出て、みつこは扶希子を連れて夜逃げをすると終わります。

異類婚姻譚の法則から言えば、みつこと太郎は破局を迎えたということになります。しかし、何かタブーを犯した結果というわけではありません。飯沼太郎と松原利夫の関係は同性愛のようにも見えますが、必ずしもはっきりしません。みつこと扶希子の関係は母性愛のようにも見えますが、これも明確ではありません。人間と犬の境界は曖昧になり、そのぶん昔話は小説化がなされて、それぞれの人生を歩きはじめるのです。

B　細田守『おおかみこどもの雨と雪』

また、アニメ監督・演出家でもある細田守《ほそだまもる》の初めての小説『おおかみこどもの雨と雪』（角川書店、二〇一二年）は、現代に生きる異類婚姻譚を考える上で極めて重要な作品です。多和田の『犬婿入り』が発表されたのと同じ二〇一二年（平成二四年）に映画化され、観客動員約三四〇万人、興行収入四二億円を挙げる大ヒットになったことに知られるように、日本人はこの作品を好意的に迎えました。

細田守『おおかみこどもの雨と雪』カバー

　主人公の「花」は大学で出会った「彼」と恋に落ちますが、「彼」はニホンオオカミの末裔でした。おおかみと人間が混ざり合い、その血を受け継ぐ最後の存在だったのです。幼いときに両親を亡くし、苦労して大人になって都会に出て、こっそりと隠れるように生きてきて、「花」と出会ったのです。やがてふたりには「雪」という女の子と「雨」という男の子が生まれますが、「彼」は突然死んでしまい、「花」はひとりでおおかみこどもを育てることになります。おおかみこどもは人間とおおかみの中間なので、人間の場合もあれば、おおかみに変身することもあり、半獣になることもありました。

　「花」たちは都会の片隅でも生きてゆくことが難しくなり、田舎町に住むことにします。山奥であれば、人目につかず、ひっそりと生きることができると考えた結果でした。最初は野菜作りもうまくゆきませんでしたが、やがて周囲の人々が野菜の作り方を教えてくれるようになります。人々の作物はイノシシなどの被害に遭いましたが、不思議なことに、「花」の畑だけは被害に遭いませんでした。「花」は、それはおおかみこどもがいるためではないかと気づくのでした。「花」の家はいつの間にか、人が多く訪ねてくる家に変わりました。しかし、幸いにも、こどもたちの秘密は守られました。

やがて「雪」は小学校に行くようになり、翌年には「雨」も小学校に通うようになりました。その時、「花」が課したのは、「〝なにがあっても、おおかみにならないこと〟」という約束でした。「雪」は小学校に馴染んでゆきましたが、「雨」はなかなか馴染めず不登校になります。四年生になったときに藤井草平という転校生が来て、「雪」は「ケモノくさい」と言われ、秘密が暴かれてしまうのではないかと脅え、ついにおおかみになって怪我をさせてしまいます。一方、「雨」は山に行くことが多くなりますが、それはアカキツネの先生に会いに行っているのでした。半獣の姉と弟でしたが、「雪」は学校を通して人間に近づき、「雨」は森に入っておおかみに近づいてゆきます。

成長してゆく「雪」と「雨」はそれぞれの向かう世界が異なり、ある日、大喧嘩になります。弱々しかった「雨」はおおかみに近づき、快活だった「雪」は人間に近づいたため、両者の力関係はもはや逆転していました。集中豪雨の日、「雨」は山を見つめて家を出てゆき、「花」は追いかけますが、見失ってしまいます。一方、「雪」は母が迎えに来ない草平とふたり学校に残されます。その時、「雪」は自分がおおかみであることを告白して真実の姿を見せますが、草平は驚かず、「ずっと前から知っていた」と言います。山の中で倒れた「花」は意識を失い、「彼」に「雪も、雨も、立派に育った」と褒められます。「雨」はおおかみになり、「雪」は中学校の寮に入るために家を出ます。

これは「狼婿入」とでも呼ぶような話です。狼が死んでしまうことによって、この異類婚姻譚は破局を迎えたと見ることもできます。だが、ふたりには子供が残されました。人間と狼の両面を持った子供たちは、結局、成長の過程で、一方は人間化し、一方は狼化して分化してゆきます。異類婚姻譚には、「狐女房」のように、子供と別れねばならなくなる場合があり、「花」が「雨」と「雪」のそれぞれに別れるのも、そうした話型に則っています。「彼」が死んでしまったにしても、この話は柳田国男が述べたような「幸福なる婚姻」であると見ることができるかもしれません。

C　本谷有希子『異類婚姻譚』

また、二〇一六年（平成二八年）の第一五四回芥川賞は、劇作家・演出家でもある本谷有希子《もとやゆきこ》の『異類婚姻譚』（講談社、二〇一六年）に与えられたことが思い起こされます。帯には「いつの間に、私は人間以外のものと結婚してしまったのだろう」とあり、この小説が異類婚姻譚というタイトルを持つことの理由を説明します。「異類婚姻譚」という言葉は、学問の世界では早くから認知されていましたが、一般の人々が使うことはありませんでした。この小説はやや硬質な学術用語をタイトルに使うことで、その世界を象徴的に示そうとしたにちがいありません。それは、次のような内容でした。

結婚して四年経った専業主婦の「私」（周囲からはサンちゃんと呼ばれる）は、「ある日、自分の顔が旦那の顔とそっくりになっていることに気が付いた」と始まります。ある時、旦那がいつもの癖で道に吐いた痰《たん》を女性に注意され、「私」がハンカチで拭き取る出来事がありました。その時、「旦那の目鼻が顔の下のほうにずり下がっていたのだ」と気がつきます。

そして、「私」は、「いつの間に、私は人間以外のものと結婚してしまったのだろう」と思うのでした。弟のセンタと同棲しているハコネちゃんは結婚しないことについて、「もう少し別々の人間でいたいっていうか。別の人間、ねえ。うーん、だって結婚って、相手のいいところも悪いところも飲みこんでいくんでしょ？」と説明します。それに対して「私」は、「これまで私は誰かと親しい関係になるたび、自分が少しずつ取り替えられていくような気分を味わってきた」と自覚させられます。

やがて旦那は会社を早退し、ｉＰａｄの小銭のゲームに没頭し、「家じゃなんにも考えたくないって男の気持ちが分かんないんだよなあ」と豪語します。なんとか会社には行っていましたが不調は続き、大量の揚げものを作っては、「サンちゃんが俺に似てきてくれて、嬉しい」と呟きました。朝起きて鏡を見ると、「私」の顔は目の位置が離れ、全体に間のびしていて、「少しずつ旦那に近付いていた」のでした。

旦那はいよいよ「私」らしくなり、診断書を書いてもらって有給をとり、いそいそと家事に勤しみました。そこで、「私」が「あなたはもう、旦那の形をしていなくていいから、好きな形になりなさいっ」と叫ぶと、旦那は一輪の山芍薬《やましゃくやく》になります。「私」はその山芍薬を、友人のキタヱさんの飼う猫のサンショを逃がした山に持って行き、竜胆《りんどう》と並べて植えました。翌春、山芍薬になった旦那に会いに行くと、隣に植えた竜胆も咲いていましたが、二輪の花がよく似ていることに気がつきます。

これは「異類婚姻譚」のタイトルですが、当初から人間と異類の対立があるわけではありません。結婚した夫婦の間で、結婚を契機として、妻と夫が次第に似てくる一方で、人間と異類に分化してゆくことになります。夫婦間でそれぞれは他者であり、怠惰な夫は異類化してゆき、ついに山芍薬になってしまいます。しかし、隣に植えた竜胆がよく似ているというのは、妻もまた異類と無縁ではないことを暗示します。もはや人間と異類の区別は難しくなっているのです。しかも、異類が動物ではなく、植物であることは、狼のような過剰な暴力性が後退していることを示します。異類はこうして自然に回帰しますが、この小説にはもう一つの回帰がありました。キタヱさんの飼う猫のサンショが家中に粗相をするようになって山に捨てられますが、それはペットの動物が野生化してゆくことを意味します。しかし、キタヱさんの夫・アライ主人の「ちゃんとした場所に逃がしてきたから、大丈夫」という言葉とは裏腹に、猫が山で生きてゆけないことは誰もが認識しています。ここにはもう一つの家族の解体のドラマが見られます。

7　異類婚姻譚の世界的な比較研究へ

ここに取り上げてきた異類婚姻譚は、二〇世紀から二一世紀にかけて書き残された作品であり、文献としては新しいものです。だが、昔話のような口頭の言語芸術にこそ日本人の異類に対する思考がよく残されていると考えられます。そのような基層文化は急速な文明化が進んですっかり脆弱になったとは言え、それでもなお豊かに息づく様子が戯曲や小説にはよく現れています。

もちろん、日本にはこうした新しい作品だけでなく、古い文献の中にいくつもの異類婚姻譚が見つかります。『日本昔話通観　研究篇2　日本昔話と古典』に拠れば、八世紀の歴史書『古事記』には、「蛇婿入り―針糸型」の類話に三輪山伝説（中巻）、参考話に丹塗矢《にぬりや》伝説（中巻）と藤の花伝説（中巻）、「竜宮女房」「蛇女房」の参考話に豊玉毘売《とよたまびめ》説話（上巻）を指摘する。一二世紀の説話集『今昔物語集』の場合、「蛇婿入り―針糸型」の参考話に漢の高祖の誕生譚（一〇―一二）、「蛇婿入り―蟹報恩型」の類話に蟹満多寺縁起《かにまたでらえんぎ》（一六―一六）、「犬婿入り―始祖型」の参考話に北山の犬と女の婚姻譚（三一―一五）、「絵姿女房―難題型」の参考話に竹取の翁の娘の難題譚（三一―三三）、「しがま女房」の参考話に冷泉院の水の精の話（二七―五）を挙げます。それぞれに通時的な個別研究があり、中国や韓国の文献との比較も行われています。

一方、『日本昔話通観　研究篇1　日本昔話とモンゴロイド―昔話の比較記述―』では、「蛇婿入り―針糸型」には韓国一話、朝鮮三話、中国・漢族六話、台湾・高砂族五話、イヌイット一話、パプア・ニューギニア一話、ミクロネシア三話、メラネシア一話を挙げる。「竜宮女房」には、韓国二話、中国・漢族五話、中国・少数民族七話、モンゴル三話、台湾・高砂族一話、インドネシア二話、ミャンマー三話、インド一話、黒海北部一話、コーカサス一話、アメリカ一話を引いています。しかし、この国際的な比較研究の分野はやっと翻訳が進んだ段階であり、共時的な研究が進んでいるとは言いがたいところがあります。

こうした研究をいっそう進展させることは必要ですが、今、注目しておきたいのは話型ごとの比較研究ではなく、話型を超えたダイナミックな比較研究です。この分野については、すでにグリム童話の研究者として知られる小沢俊夫の『世界の民話―ひとと動物との婚姻譚―』（中央公論社、一九七四年）が残されています。異類婚姻譚を「ひとと動物との婚姻譚――動物の夫」と「ひとと動物との婚姻譚――動物女房」に大別し、話の発端部分の人間と動物の関係によって、前者を「動物が、あることとの代償として娘を要求する」「夜の来訪者」「神の申し子」、後者を「動物が娘の姿で妻にくるが、正体を見られて去る」「動物が娘の姿で妻になり、正体を暴露されて怒って去る」「動物が娘の姿をしているとき、むりに妻にされる」に分けて分析します。

特に興味深いのは、冒頭の、日本の「猿婿入り」とフランスの「ばら」を比較した記述でしょう。「猿婿入り―畑打ち型」は、猿が爺の代わりに畑仕事をして、三人娘のうち三女が女房になることを承諾し、はんどう（かめ）と鏡をもらい、それらを使って猿を殺し、喜んで家に帰ったという話です。猿は人間に対して友好的であり、爺も約束を守ろうと腐心するものの、長女は「猿の女房やなんぞ、だいきらい」と言い、次女は「猿の女房になんぞ、誰が行くもんにゃあ」と言って拒絶し、三女は当初から殺害を企てて臨みます。人間がごく普通の動物としての猿と結婚することに対して、日常的感覚から来る嫌悪感が見られます。「猿婿入り」と言いながら、この話の場合、ふたりは結婚生活に入らず、猿の殺害でハッピーエンドになります。

一方、「ばら」は、商人が大きな城のばらの花を折ると、家に帰ったときに最初に飛び付いたものを寄こせと言う声が聞こえ、家に帰って最初に飛び付いたのが末娘でしたので、末娘をその城に連れて行き、蟇蛙が求婚するのに応じると、大きな地震で魔女の魔法が解けて若い王子が現れ、ふたりは結婚式を挙げたという話です。「猿婿入り」とは違って、王子との結婚でハッピーエンドを迎えます。この娘は「そんなに悪いことにはならないわ」と楽観的で、やさしい心を持っていて、「猿婿入り」の娘とは対照的です。王子は魔女の魔法で蟇蛙に変身させられていましたが、娘が結婚の決意を表明したことで、呪縛から解放されたのです。

つまり、異類婚姻譚とは言いながら、「ばら」では、蟇蛙は実は人間でした。魔女の魔法から娘が解放してくれたことによって、蟇蛙は人間に戻って娘と結婚します。従って、この話は実は異類との結婚ではなく、人間同士の結婚ということになります。一方、「猿婿入り」では、猿は最後まで猿のままで終わります。娘は猿を救う気持ちは当初からなく、周到な計画によって猿を殺します。これは、ふたりが結婚生活を営んだ後に里帰りする際に娘が猿を殺すという「猿婿入り—里帰り型」の場合でも変わりません。同じ異類婚姻譚と言っても、これほどの違いがあったのです。

こうした分析を重ねて、人間と動物の関係を次のような図式にまとめています。

A（古代的一体観）をひきついだA′（エスキモー、パプア・ニューギニアなどの自然民族）では、人間と動物とのあいだの変身は自然のこととして起き、人間と動物の結婚も、異類婚としてよりむしろ同類婚の如くにおこなわれている。B（ヨーロッパを中心としたキリスト教民族）では変身は魔術によってのみ可能であると考えられており、人間と動物との結婚と思われるものも、じつは、人間でありながら魔法によって動物の姿を強いられていた者が、人間の愛情によって魔法を解かれ、もとの人間にもどってから人間と結婚している。C（日本）はじつはA′の動物観を含んでいる。すなわ

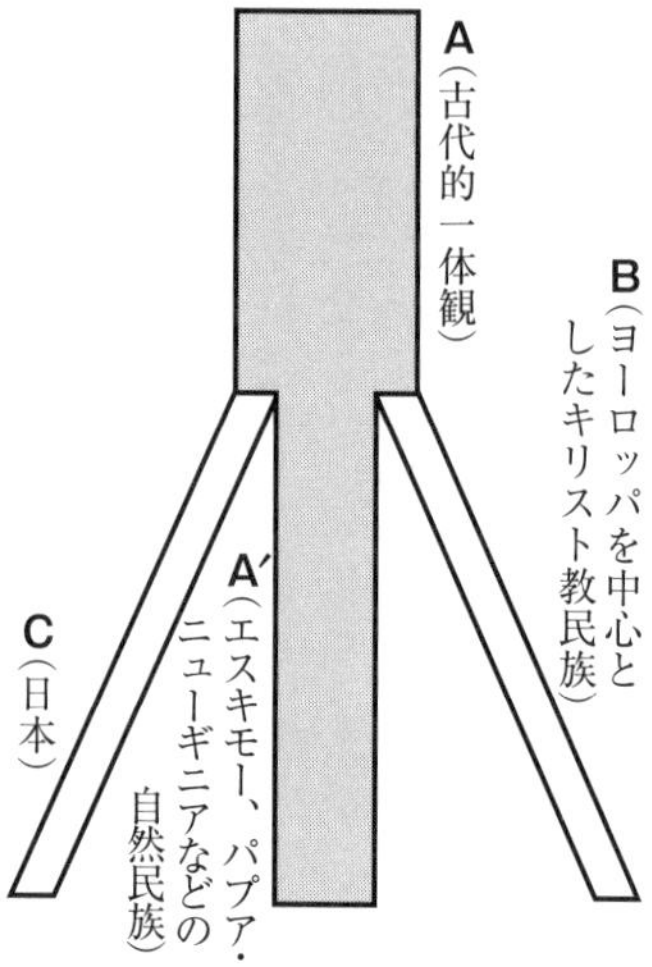

ち、魔法という概念を媒介とせずに変身がおこなわれるという意味でA′と同じであるし、また、動物そのものと人間との婚姻が語られているという意味でもA′と同質である。ところが「猿婿入り」の結末で娘が猿を川に落とす部分や、「蛙女房」で夫が池の中へ石を投げこむ部分などには、A′と異質な、動物への拒否がみられる。そこにはたらいている動機は、ごく日常的な、動物との結婚なんていやらしいという感覚であろうと思われる。

そしてもう一方には、動物を拒否しているのではなく、むしろ愛しているのだが、異類配偶者の正体を知ってしまったために、その配偶者に去られるというばあいがある。「つる女房」などである。この関係は、Bの中で、昔話としてではなく伝説として伝えられていることが注目される。

小沢はこうした自分の方法について、「大づかみに出してみたことが、ひとつのめやすになるだろう」として、異類婚姻譚の全貌が明らかにされることを望みました。今、日本の現代小説の中に『犬婿入り』『おおかみこどもの雨と雪』『異類婚姻譚』のような作品が生まれ、日本人に歓迎されているのも、こうした異類婚姻譚の命脈が基層文化に息づいているからではないかと推測されます。

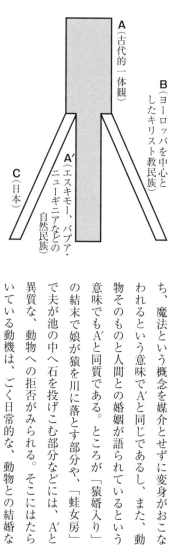

参考文献（本文中に引用しなかったもの）

・石井正己『遠野物語の誕生』筑摩書房、二〇〇〇年
・石井正己『『遠野物語』を読み解く』平凡社、二〇〇九年
・石井正己『100分de名著ブックス　柳田国男　遠野物語』NHK出版、二〇一六年
・石井正己『ビジュアル版　日本の昔話百科』河出書房新社、二〇一六年
・稲田浩二他編『日本昔話事典』弘文堂、一九七七年
・乾克己他編『日本伝奇伝説大事典』角川書店、一九八六年
・今野円輔『馬娘婚姻譚』岩崎書店、一九五六年
・佐々木喜善『佐々木喜善全集』遠野市立博物館、一九八六〜二〇〇六年
・志村有弘他編著『日本説話伝説大事典』勉誠出版、二〇〇〇年
・関敬吾『関敬吾著作集』同朋舎、一九八〇〜八二年
・野村純一他編『昔話・伝説小事典』みずうみ書房、一九八七年
・野村純一他編『日本説話小事典』大修館書店、二〇〇二年
・柳田国男『柳田国男全集』筑摩書房、一九九七〜　年（刊行中）

いじめと昔話の対抗力

1　家族形態の変化と『遠野物語』が断念したこと

今日は「いじめと昔話の対抗力」というテーマでお話ししてみます。昨年（二〇一六年）は「遠野物語の現代的意義」というテーマでお話ししましたので、このオープンキャンパスで講演するのは二回目になります。

今、職場や学校でいじめがあって、ときには自殺に追い込まれてしまうような悲しい出来事が報道されます。家庭では、いじめというより、児童虐待が問題になります。血がつながっている実の父親・母親が、自分の子供を愛せずに、虐待してしまうことが起こっています。

かつてお祖父さん・お祖母さんは、囲炉裏端で孫たちに、「むがす、あったずもな。ある所さ、爺さんと婆さんがおって……」と昔話を語り聞かせました。しかし、今は民家から囲炉裏が消えただけでなく、核家族になっていますから、昔話を語る機会がなくなりました。日本の社会からどんどん昔話が遠ざかりつつあります。

しかし、東京学芸大学に来ている学生に聞きますと、幼い頃にご両親から絵本を読み聞かせてもらったという、温かい経験を持つ学生がたくさんいます。確かに囲炉裏が消え、三世代同居は難しくなり、口から耳へ伝えられる機会は失われましたが、ソファーに座って、両親が子供とともに、絵本で昔話を楽しむ機会はなくなっていません。

かつてのような三世代同居であれば、お祖父さん・お祖母さんが孫を育てて、お父さん・お母さんは働きに行っていました。ところが、核家族になると、当然のことながら、お父さん・お母さんはそれぞれに働きながら子育てをしなければなりません。イクメンが現れるのは、家族に対する愛情だけでなく、そうした家族の形態が深く関わっているはずです。

現代社会では保育所の不足が大きな問題になっています。一方で、高齢化社会がどんどん進んで、介護施設が次々に建てられています。社会が分断されて、うまくいっていない構造の中で、保育と介護がともに負担になっています。家族の形態が変化してゆくことに、制度で対応しなければならなくなっています。そういう状況の中で、この国が長い間伝えてきた昔話は、いじめに対してどのような対抗力を持っているのか、そんなことを今日はお話ししてみたいと思います。

改めて考えてみると、世界中にはたくさんの継子いじめの話があります。一九世紀の初めにドイツのグリム兄弟が集めた『グリム童話集』の中にも、「シンデレラ（灰かぶり）」が出てきます。継母にいじめられた娘が小鳥の助けを得て舞踏会に出て帰りますが、脱げた金の靴を頼りに王子様が娘を発見して、幸せになるというハッピーエンドの話です。

実は、「シンデレラ」の最も古い文献は、九世紀に中国で書かれた『酉陽雑俎《ゆうようざっそ》』に、葉限という主人公で出てきます。びっくりするのは、金の靴というのも同じです。中国の南方で生まれた昔話が、一方ではヨーロッパに行き、一方では日本に来たらしいのです。日本では、「糠福米福」「紅皿欠皿」という「シンデレラ」とよく似た昔話が伝わっています。

また、『グリム童話集』から一世紀後の、柳田国男の『遠野物語』（一九一〇年）にも、一一八話に、「紅皿欠皿の話も遠野郷に行はる。只紅皿の方はその名をヌカボと云ふ。ヌカボは空穂《うつぼ》のことなり。継母に悪《にく》まれたれど神の恵《めぐみ》ありて、終に長者の妻となると云ふ話なり。エピソードには色々の美しき絵様あり。折あらば詳しく書き記すべし」とあります。岩手県の遠野郷には「紅皿欠皿」の話も伝わっていて、主人公の名前は異なりますが、継母にいじめられたけれども、神様の援助によって、最後は金持ちの妻になったという話でした。柳田は遠野郷にもシンデレラ型の昔話が伝わっていることを知っていたのです。

しかし、柳田は本当にあった出来事に関心がありましたから、機会があったら詳細に書こうと述べて、先送りしてしまいます。百年前の日本の一角に『グリム童話集』と並ぶ継子いじめの話があったということは、国際的な比較研究の道筋になったはずです。そうであったにもかかわらず、『遠野物語』にシンデレラ型の昔話が書かれなかったのは、非常に残念なことでした。

2　継母と継子の間にあるいじめと愛情の対称性

日本には、歴史的に見ても、継子が継母からいじめられるというお話がたくさんあります。『源氏物語』よりも前の一〇世紀に、『落窪物語』『住吉物語』が書かれました。姫君が継母からいじめられますが、貴公子に助けられて幸せになってゆくという物語です。継母からいじめられるのは先妻の娘であり、必ず女の子です。継母は継子が男の子だった場合はどうしますか。『源氏物語』をちょっと思い浮かべてください。

主人公の光源氏は、桐壺帝と桐壺更衣の間に生まれますが、母の更衣が亡くなってしまいます。そこに母の更衣にそっくりな藤壺という人が入内《じゅだい》してきて、光源氏はその人にあこがれます。藤壺は継母で、光源氏は継子です。やがてこの二人の間に密通が行われ、後の冷泉帝が生まれることになります。『源氏物語』は天皇の血筋を乱した危ないお話であって、戦時中は皇室に対する不敬罪として、読んだり演じたりすることが制限されました。そうしたことがあるにしても、大事なのは、継子が男の子の場合、継母はその子をいじめるのではなく、愛してしまうということです。

光源氏が一方的に藤壺にあこがれただけではなく、藤壺も光源氏に深い思いを寄せていたと考えられます。「桐壺」の巻の終わりには、二人が「琴笛の音《ね》に聞こえ通はし」という一節が見えます。光源氏が吹く笛の音に藤壺が琴を弾いて、二人は気持ちを通わせたと読むことができます。

『源氏物語』の系図を見てくださると、いろいろな関係が見つかります。光源氏の息子の夕霧は、葵の上が母親ですけれども、葵の上は六条御息所の生霊に取り殺されて死んでしまいます。継母が誰になるかと言えば、父親・光源氏の妻の紫の上です。夕霧は紫の上にあこがれます。

しかし、光源氏のガードは固く、夕霧が紫の上を見ないように注意しています。継母と継子の息子が危ないことをよく知っているからです。ところが、光源氏の住む六条院を台風が襲います。当時の言葉でいうと「野分《のわき》」です。夕霧は台風で混乱した六条院を見舞いに来て、紫の上を垣間見てしまい、ずっと思いを寄せます。後に紫の上が亡くなると、光源氏は夕霧が紫の上を見ることを咎めなかったという一節も見えます。

継子物語ということで言えば、一方ではいじめに関わり、一方では愛に関わるという枠組みを持っているのです。今日は、千年ほど前の『源氏物語』と、三百年ほど前の『はちかづきひめ』という作品を取り上げて、この問題についてお話ししてみます。

もう少し『源氏物語』に入りましょう。高校生は授業で、「若紫」の巻を学んだことがあると思います。光源氏が瘧病《わらわやみ》に罹ります。今のマラリアだと言いますけれども、病気になって、北山の聖《ひじり》に加持祈禱の治療に行きます。その時、小柴垣のもとで垣間見た少女は泣きじゃくって、「雀の子を犬君《いぬき》が逃がしつる。伏籠《ふせご》のうちに籠めたりつるものを」と言います。鳥籠の代わりに伏籠の中で飼っていた雀の子を、女童《めのわらわ》の犬君が逃がしてしまったというわけです。雀の子はペットで、これは春の巣立ちです。

そこにいた女房が「烏などもこそ見つくれ」と言います。「もこそ」という語法は古文で勉強しますね。「もぞ」「もこそ」というのは懸念を表します。「烏などもこそ見つくれ」は、烏などが見つけると大変だという意味です。巣立ちをした雀の子の天敵は烏だったのです。その雀の子のイメージは、もちろん、幼い少女・紫の上と重なっています。

この紫の上は按察使《あぜちの》大納言の姫君の娘ですけれども、この姫君が早く亡くなってしまったので、母方の祖母である北山の尼君に育てられていました。いつまで経ってもなかなか成長しない女の子でしたが、尼君が亡くなると、光源氏は奪い取るように二条院に連れ出しました。光源氏が連れ出さなければ、紫の上は父親の式部卿宮に引き取られるはずでした。そうなれば、式部卿宮と暮らす大北の方、つまり、継母のもとで紫の上は育てられたのです。光源氏が連れ出したことによって、紫の上は継子になることから回避されました。光源氏はその後、紫の上を大事に世話して、葵の上が死んだあと妻にします。光源氏と一緒に暮らす正妻格の女性として光源氏の人生を支えます。

光源氏の子には、冷泉帝・夕霧の他に、明石の姫君がいます。光源氏は退去した須磨から明石へ移り、明石の入道の娘・明石の君と結婚して、女の子・明石の姫君が生まれます。明石と言えば、今は京都から新幹線ですぐに行けますけれども、かつては遠い辺鄙な場所でした。、明石の入道は受領《ずりょう》と呼ばれた地方官で、引退後そこに土着しました。明石の君は地方官の娘ですから、中央貴族から見れば生まれ育ちが卑しいことになります。

明石の君は娘の姫君を連れて都の大堰《おおい》まで来ましたが、光源氏は姫君を母親の明石の君から引き離して、紫の上に育てさせます。紫の上は光源氏との間に子供を産むことはありませんでした。子供を産んだことのない紫の上は明石の姫君を育て、姫君は一一歳の時に後の今上帝に入内します。女の子が初潮を迎えると成人式を行い、結婚するのは一二、三歳ですから、一一歳はちょっと早いかもしれません。

3　恋愛物語と継子物語を排除した光源氏の教育

紫の上と明石の姫君は継母と継子の関係ですが、『源氏物語』の中に、継子問題がどのように出てくるのか、見てみましょう。「蛍」の巻は、光源氏三六歳の夏の出来事です。梅雨どきで長雨が続いたので、六条院の女性たちは物語に熱中しています。雨が降って何もすることがないと、物語を読んで慰めるのが娯楽だったわけです。現在で言えば、小説を読むとか、ドラマを見るとか、映画を観るとか、そのような楽しみと言っていいでしょう。このとき、紫の上は二八歳、明石の姫君は八歳でした。

光源氏は、「姫君の御前にて、この世馴れたる物語など、な読み聞かせたまひそ」と言います。大切な明石の姫君の前で、この色恋沙汰の物語などを読み聞かせなさってはいけない、と禁止するのです。「世馴れたる物語」は、具体的には、その後に見える「くまのの物語」を指します。これは散逸してしまった物語で、幼い姫君が昼寝をしていると、男君がやって来て契りを結ぶという物語だったようです。

さらに、「みそか心つきたるものの娘などは、をかしとにはあらねど、かかること世にはありけりと、見馴れたまはむぞゆゆしきや」とも言います。内緒ごとをするようになった物語の姫君などは、素敵だとは思わないまでも、こんなことが世間にはあるのだと、姫君が当たり前のように思われたら、それは不吉なことだ、というのです。娘が物語によって恋愛を知ってしまったら、大変なことになると恐れているわけです。

確かに、親が娘や息子に恋愛を教えるというのは難しいですね。千年前に、光源氏さえ娘が恋愛を知ったら大変だとおびえているくらいです。今日はお父様やお母様もいらっしゃいますけれども、どうでしょう。国語の授業でも、なかなか恋愛を教えられないという問題があります。教科書に載る和歌には、四季の歌はたくさんあっても、恋の歌はわずかです。

変な話ですが、一方では、保健体育の授業には性教育があるわけです。当の子供たちは恋愛を教えられないままに性を教えられるのですから、たまったものではありません。日本の教育は子供たちの心と体の成長に寄り添って進んでいないと思います。恋愛って大事なのだと教えておかないと、恋をすることに臆病になるでしょう。

そして、「継母の腹ぎたなき昔物語も多かるを、心見えに心づきなしとおぼせば、いみじく選《え》りつつなむ、書きととのへさせ、絵などにも描かせたまひける」という一節が見つかります。六条院に集まった物語の中には、継母が意地悪する古めかしい物語もたくさんあるが、それらは継母の心底がよくわかって気に入らないと光源氏はお思いになるので、慎重に物語を選んでは、それらを立派に書かせ、絵などにも描かせなさった、というのです。

物語の中には、『落窪物語』や『住吉物語』だけでなく、継母が継子をいじめる作品がたくさんあって、それらを選定から外したのです。新潮古典集成の頭注に、「紫の上との間柄を考慮した、姫君への教育的な配慮」とある通りです。紫の上は明石の姫君の継母ですから、継母が継子をいじめる話があることを知るのを恐れたのです。

そういう意味で言えば、物語の教育効果は絶大だったことになります。そのため、光源氏は恋愛物語もだめ、継子物語もだめというように排除したのです。光源氏のお后教育というのは徹底しています。そのようにして明石の姫君を一生懸命に育て、紫の上は入内の介添え役を実母の明石の君に譲ります。

4　継子の明石の姫君に看取られる紫の上

東京世田谷区の五島美術館が所蔵する国宝『源氏物語絵巻』には、「御法《みのり》」の巻が残っています。右上に紫の上、左に光源氏がいて、中央の、几帳のかげに髪の毛が見えて、後姿の明石の姫君がいます。光源氏が五一歳、紫の上は四三歳、明石の姫君は中宮になって、二三歳です。光源氏が愛した紫の上の臨終の場面です。

今日も歌舞伎座では、市川海老蔵が息子さんと演じていると思いますけれども、公表されている彼のブログでは、亡くなった奥様のことが日々心に浮かんできてしまって大変だとあります。光源氏は紫の上を亡くした後、「幻」の巻で一年間を過ごして、物語から消えてゆきます。

風が吹く夕暮れどきに、紫の上が庭の植え込みを見るというので、脇息《きょうそく》に寄りかかっています。左側には、秋草の女郎花や萩が風になびく様子が描かれています。脇息というのは、脇に置いて肘を掛ける、肘掛けです。体がつらくなると、脇ではなく、前に持ってきて寄りかかるようにします。

そこに光源氏が来て、「今日は、いとよく起きゐたまふめるは。この御前にては、こよなく御心もはればれしげなめりかし」と声をかけます。今日はたいそう調子よく起きていらっしゃるようですね、中宮の御前では、この上なく気分も晴れ晴れなさっているようですね、という意味です。光源氏のほっとした気持ちがよく表れています。

紫の上が育てた明石の姫君が心配して、わざわざお見舞いに来ているのです。しかし、実際は違って、「かばかりの隙《ひま》あるをも、いとうれしと思ひきこえたまふも、心苦しく、つひにいかにおぼし騒がむ、と思ふに、あはれなれば」とあります。紫の上にこのような穏やかな時期があるのをも、たいそう嬉しいと光源氏がお思い申し上げているご様子も気の毒で、紫の上は、私が亡くなったら、光源氏はどんなに動揺なさるだろうと思うと、いたわしいので、という意味です。そして、こういう歌を詠みます。

おくと見るほどぞはかなき　ともすれば風に乱るる萩のうは露

露が置くではないけれども、こうして起きていると見てもはかない命で、ややもすると吹いてくる風に乱れて落ちてしまう萩の上露のように、はかなく消えてしまいそうです、くらいの意味です。これは辞世の歌です。光源氏はそれにこうつけます。

ややもせば消えをあらそふ露の世に　後れ先だつほど経ずもがな

どうかすると先を争って消えてゆく露のようなはかないこの人生において、死に遅れたり先立ったりする、そのようなときがなければいいなあ、というほどの意味です。光源氏は一緒に死にたいと言うのです。でも、残念ながら人間は、事故でもなければ一緒には死ねませんから、あまい現実認識です。そして、明石の姫君がこう詠みます。

秋風にしばしとまらぬ露の世を　たれか草葉のうへとのみ見む

秋風のために、しばらくでもとどまらず落ちてしまう露のようなはかない世の中において、誰がそれを草葉の上のことだけだと思いましょうか、わが身も同じことです、という意味です。はかない露のような運命は、紫の上だけでなく、私とても同然ですと、そのようにつけるわけですね。三人で詠んでいますから、唱和と言っていいと思います。

光源氏はそのような様子を見て、「かくて千年《ちとせ》を過ぐすわざもがな」、このような状態で千年を過ごすことができればいいなあ、と思いますけれども、そうはいかないわけで、人の命を留める方法はありません。

紫の上は、「今はわたらせたまひね。乱りごこちいと苦しくなりはべりぬ。いふかひなくなりにけるほどといひながら、いとなめげにはべりや」と言います。今はもう、あちらにお移りになってしまってください、気分がひどく悪くなりました、お話にもならないほど弱ってしまいましたことと言いながら、これでは本当に不作法な感じがすることですよ、という意味です。紫の上は、つらいので、席を外してほしいと頼むのです。

紫の上が几帳を引き寄せて横になる様子が、いつもよりもひどく頼み少なげに見えるので、どんなご気分なのかと思って、明石の姫君は紫の上の手をつかみます。病室で手を取るという場面は、ドラマでもよくあるシーンです。手を取るのは大事な行為で、千年前もそうしていたわけです。継子の明石の姫君が継母の紫の上の手を取って看取るのです。そして、「泣く泣く見たてまつりたまふに、まこと消えゆく露のここちして、限りに見えたまへば」とあります。紫の上は自分を露に見立てた辞世の歌を詠みましたけれども、本当に消えてゆく露のように、もう終わりだとお見えになるので、という意味です。

そこで、お経を読む者たちが立ち騒ぎます。物の怪のせいではないかと疑って、さまざまな加持祈禱をさせますが、その甲斐もなく、夜が明けてしまう頃にとうとうすっかり消えてしまったというのですから、緩やかに命が終わってゆく様子であったことがわかります。『源氏物語』でも印象深い一節で、絵巻に残っていますから、よく知られた場面です。

ここにあるのは、継母と継子でも、決していじめたりいじめられたりするのではなく、継母が継子に手を取って見送ってもらえる関係がある、ということです。これは紫式部の思想だと思います。継子いじめだけではないというのは、継子物語に対する強烈な抵抗です。血がつながっていなくても、愛し愛される親子は、こうして最期を迎えることができるというように、私たちは千年前のメッセージを読み取ることができます。

5　長谷寺の観音に申し子をして授かった姫君

さて、もう一つの物語を見てみましょう。『はちかづきひめ』という作品です。国立国会図書館にある上・下の本です。「かづく」というのは、『万葉集』などでは、水の中に潜ることを意味しますけれども、この「かづく」は被るという意味です。鉢を被ったお姫様というタイトルです。うどんをこねるような大きな鉢を頭に被っています。

江戸時代になると、草双紙と呼ばれる絵本ができます。草双紙の「草」というのは、本格的なものではないという意味です。例えば、今、白鵬が最高記録を抜いて、本場所はなかなか賑やかですけれども、大相撲に対して「草相撲」があります。あるいは、プロ野球に対して「草野球」があります。江戸時代の後半、たくさんの草双紙が作られました。表紙の色によって「赤本」「黒本」「青本」「黄表紙」と言われます。この『はちかづきひめ』は一八世紀初めのものだと思いますので、今から三百年くらい前の本です（鈴木重三・木村八重子編『近世子どもの絵本集　江戸篇』岩波書店、一九八五年）。

これは、まさに漫画の源流といってよいと思います。漫画やアニメはサブカルチャーとして一段低く見られてきましたが、今では日本を代表する芸術になって、大学にも漫画を学ぶ学科ができています。東京オリンピック・パラリンピックで、その勢いは加速されると思います。漫画の源流はこのあたりに見ることができますから、手塚治虫《てづかおさむ》が現れるまでに三百年の歴史があったことになります。

表紙には、絵題簽《えだいせん》という、表紙に貼り付けた絵入りのタイトルがあります。「はちかづきひめ」と書名があり、衝立《ついたて》があって、鉢を被った娘がいて、奥に未成年の貴公子がいます。この場面がどこを表しているのかは、謎解きですね。

最初の場面の、夫は「さねたか公」、妻は「御台所」です。「世継ぎなきゆえ、長谷の観音へ参詣祈請懸け給う」とあります。さね高公には跡継ぎがいませんでした。子供が生まれない場合、今なら不妊治療という形で、医学の力を借りて子供を授かります。でも、かつては、神様や仏様に、子供を授けてくださいと祈ったのです。授かった子供が「申し子」です。

この話では、奈良の長谷寺へお祈りに行くわけです。さね高公、御台所、その後ろに乳母《めのと》がいて、仏前で拝んでいます。下にはお供の者たちが大勢いて、「今日で七日じゃ」と言っています。七日というのは満願の日ですから、お供の者たちは早く帰りたいという感じなのでしょう。ちょうど桜の咲く季節であることがわかります。このさね高公と御台所が駕籠《かご》に乗って来たことも、左下の駕籠の絵からわかります。

長谷寺の観音様に祈った結果、この夫婦は子供を授かります。上段の御簾の奥、左にさね高公、右に御台所、そして右下に「乳母抱き」というので、乳母が生まれてきた赤ちゃんを抱いています。乳母というのは養育係です。両親は自分で子供を育てません。今の天皇陛下・皇后陛下が、皇太子が生まれたときに、息子を自分の手で育てたいと宣言しましたが、これは大変なショックだったわけです。それまでは養育係が育て、実の母親が世継ぎを育てることはなかったのです。皇室の家族関係が大きく変わった瞬間だったはずです。それから半世紀以上が経ったわけです。

左側では、「はちかづき姫誕生。御扈従《こしょう》たち御酌」、「姫君御誕生にて御祝い。御一門御祝いの御祝儀に相詰める」とあって、一門の者たちが宴会をしています。ちょっと本文が欠けていますけれども、祝い客が「御世継ぎの御誕生、長谷の観音の御利生御めでとう存じまする」と口上を述べています。注意してほしいのは、左下にある「島台」です。これは中国の伝説上の蓬莱山をかたどっていて、仙人が住む不老不死の世界を表し、松竹梅を植えて美しく飾ります。この島台が出て来たら、お祝いの場面だと認識してください。

6　継母と実父に虐待されて入水する姫君

ストーリーはどんどん進んで、御台所が亡くなるところです。「御台末期《まつご》」と左上に書かれています。鉢巻をして布団を掛けた御台所が姫君に鉢を被せています。「姫十三才」。一三歳というのは、先ほど言いましたように大事な年です。成人式をして、結婚させなければならない、そんな時期に母親が死んでしまいます。母親の前にある鱗模様のものは、先ほどの『源氏物語絵巻』と比べてくださるとわかるように、脇息です。母親は体がつらいので、脇息を前に置いて、肘を掛けながら娘の姫君に大きな鉢を被せていて、左下に描かれた手箱からは宝物が出されています。

本文は、「御台気色重り、末期に姫を近づけ」とあります。御台所は病状が重くなって、死際に姫君を近づけます。そして、「手箱よりさまざまの宝物出し、姫の頭《つむり》に置き、その上に鉢かぶせ、観音に祈請かけ、空しくなり給う」となります。この「空しくなる」は死ぬという意味です。日本語では死ぬことを「死ぬ」と言わずに、「空しくなる」「はかなくなる」「いたづらになる」など、たくさんの婉曲的な表現があります。「頭」というのは、「おつむてんてん」と赤ちゃんをあやす、あの「おつむ」と同じです。

その時に母親が詠んだ歌は、「さしもぐさふかくぞたのむ　観世音ちかいのままにいただかせぬる」です。観音様に救われる一切衆生である私は、深く観音様を信仰し、誓いのとおりに娘の頭の上に物を入れて鉢を載せました、という意味です。これは辞世の歌です。

御台所が姫君に鉢を被せる場面
『近世子どもの絵本集　江戸篇』

右上に夫のさね高公がいて、「母上最期の後、母の姫に御かぶせ給う鉢を、父上引離し給えど、吸い着き、さらに取れぬゆえ、姫もろともに嘆き給う」とあります。父のさね高公が姫君に被せた鉢を引っ張るけれども、吸い付いてまったく取れないので、姫君は一緒に嘆きます。右側には心配した侍たちが詰めています。

次は、「母上最期の後、継母に姫生まれたるゆえ」というので、妻の御台所が亡くなった後、さね高公は後添えを迎えます。これが姫君の継母になります。そして、あっという間に継母に姫君が生まれます。右上には、さね高公が烏帽子を着け、「当御台」とある後添えの妻が赤ちゃんを抱いています。

そこには、「姫生まれたるゆえ、鉢かづきを憎み、さね高に讒訴《ざんそ》して姫の着る物剥ぎ、追い出させる」とあります。継母がさね高公に悪く訴えて、姫君の着物を剥ぎ取り、下着一枚にして追い出させるのです。「姫をさんざん叩く」とあり、父親が娘を叩くので、児童虐待です。「継母うれしがる」とあり、継母はよくやってくれたと喜びます。姫君は縁側で泣いています。

同じ場面には、土手を隔てて左側に川があります。「追い出され、行く方なく、川岸により身を投げる」とあり、追い出された姫君はもう死んでしまいたいと思って、入水するわけです。継母にいじめられ、実の父親に打擲《ちょうちゃく》された姫君が自殺を図るのです。川に身を投げた姫君はどこにいるのでしょうか。川の中に鉢が浮かんでいますので、これが姫君です。鉢があるために沈まないのです。姫君は、「川ぎしの柳の糸の一筋に　思いきる身を神もたすけよ」という辞世の歌を詠みました。川岸の柳の糸の一筋のように、ただひたすら覚悟を決めた私のことを、神様よ、助けてください、という意味です。

そして、「流れ給う鉢の浮きたるを、漁師見つけ出し上げしが、不思議の形の者、と、又岸へ上げ捨てる」というのです。川舟に乗っていた漁師が鉢を見つけて拾い上げましたが、不思議の形の者は気味が悪いと思って、岸へ投げ捨てます。親に捨てられ、さらに漁師に捨てられてしまうのです。この場面は、鉢を被った姫君が家を出て、入水するという動きがあります。絵画技法は「異時同図法」といって、『伴大納言絵詞』『信貴山縁起絵巻』など、平安時代の絵巻物から見られる図法です。

漁師に捨てられた姫君は村里をさまよい歩きます。「鉢かづき、川より上げられ、又人里へ迷い出て、中将殿に見つけられ、抱えらるる」、「在所子供、姫を見、ふしぎがり笑う」とあります。右側では、鉢を被り杖を突いた姫君がさまよい歩き、子供たちが指を差して笑っています。

そこに、左側から、三位の中将殿が現れて、姫君を召し抱えます。「鉢かづき見てふしぎに思い、わが屋敷へ連れ帰り、召使にし給う」とあります。中将殿は奇妙だと思いますが、自分の屋敷へ連れて帰って召使にするのです。中世以来の物語では、『一寸法師』ならば、一寸法師は川を遡って都に行き、宰相殿のところに行きます。一寸法師の身長は三センチメートルしかありませんが、おもしろいやつだと言って雇います。こういう奇妙なものを都で召し抱えるというパターンが見つかります。

中将殿の後ろに家来がひざまずいています。右の家来は、「なるほど、御屋敷へ同道いたしましょう」と、主人の中将殿の意見に賛成します。しかし、一番左にいる家来は、「殿様の、あじな者を御抱えなさる」と言って、眉をしかめています。「あじな者」というのはおかしな者のことです。家来には、賛成派もいれば、反対派もいたことがわかります。

中将殿に召し抱えられて、屋敷の中で姫君がする仕事は風呂のお湯焚きです。「御湯殿」というのは貴族の家の浴室で、そのお湯を沸かす役です。「シンデレラ」は灰かぶりといって、灰をかぶりながら仕事をさせられましたが、ここでも風呂焚きをするのが継子に課せられた労働です。

中将殿には四人の息子がいて、末っ子が宰相殿です。「鉢かづき見初め口説き給う」とあります。「口説く」というのは心中を訴えるという意味です。この場面、宰相殿と鉢を被った姫君は目と目が合って、アイコンタクトを取っています。深く鉢を被って顔は見えないはずですが、絵画では顔が見えます。先立つ御伽草子の『鉢かづき』では、姫君の手足が美しいとあり、パーツ美人になっています。

けれども、ちょっと注意してほしいのは、「姫口説かれ、なびく」とあることです。宰相殿から心中を訴えられて、姫君はなびいてしまうのです。俗な言葉で言えば、この二人はできてしまった、ということになります。

7　宰相殿との忍びの恋と中将殿が与えた試練

さて、次のところから、後半の下に移ります。やはり絵題簽が付いていますが、これは後で見るように、姫君の鉢が取れた場面で、終わりに近い場面です。

「鉢かづき口説かれなびき、宰相殿約束の印に黄楊《つげ》の枕と笛を形見に置き給う」とあります。衝立の前で、宰相殿は姫君に、愛の約束の証拠として、黄楊の枕と笛を形見として与えるのです。姫君の膝には黄楊の枕があり、宰相殿は笛を渡そうとしています。絵本には謎解きがあって、先ほどご覧くださった上の絵題簽は、この場面と一致します。ここへ来て初めて、最初の絵題簽がこういう意味だったということがわかる仕組みです。

姫君は待ちかねて、「君こんとつげの枕やふえたけの　などふしおゝきちぎりなるらん」と詠みます。あなたがおいでになると告げる黄楊の枕よ、しかし笛竹のように、何と節が多く、困難が多い私たちの関係なのでしょう、という意味です。これに対して、宰相殿は、「いく千代とふしそいてみん　くれ竹のちぎりはたえじつげのまくらに」と返歌をします。いつまでも久しく添い遂げてみよう、黄楊の枕に夫婦の密な契りは絶えないでしょう、という意味です。二人は愛を誓い合います。

　この場面は、「宰相殿忍びて契りこめ給う」とあります。「忍びて」というのは、親に内緒でということです。「姫濡れ」「宰相殿濡れ」というので、二人の恋愛の場面であることがわかります。宰相殿の「待ちかねて御ざったか」、姫君の「待ちかねていたわいのう」という二人の会話がいいですね。相思相愛の関係で、歌舞伎の一場面みたいです。

　さて、宰相殿の両親はどうするのでしょうか。「中将殿御夫婦、宰相殿に鉢かづきを思い切らせたく」とあります。両親は、宰相殿が姫君とできてしまったことを知って、別れさせようとします。そこで、「公達どもの嫁比べするほどに鉢かづきにも出で申せと乳母に申しつける」とあります。中将殿は、息子たちの嫁の優劣を比べるので、鉢を被った姫君にその場に出るように、乳母に言いつけます。御台所は「思い切るようによく言《い》や」と言います。断念するように言い含めろと乳母に言うのです。前にひざまずく乳母は「嫁比べと申すなら、うちには居りますまい」と言います。嫁比べをしたら、恥をかいて家にはいられないでしょう、という意味です。

「嫁比べと聞き、ぜひなく二人連れ、忍び出給う」とあり、宰相殿と姫君はもうだめだと思って、こっそり駆け落ちしようとするわけです。その途端、「姫のかぶりたる鉢落ち、いろ〳〵の宝出《い》ずる」というので、鉢が落ちて、その下から宝物が出て、両手を挙げて驚いています。今までまったく取れなかった鉢が落ちて、中からたくさんの宝物が出て来るわけです。こんなに入ってたのかと思うぐらいの量の宝物です。「これでは逃げる事はござらぬ。嫁比べに出しても確か〳〵」と言います。これだけ宝物があれば駆け落ちする必要はなく、嫁比べに出しても大丈夫だ、というので、宰相と姫は喜びます。

この鉢というのは、死んだ母親の遺志です。母親は死んでしまいましたが、物語の中では決して死んではいません。娘が入水すると、入水した娘の命を救い、娘が危なくなると、鉢が取れて宝物が出て助けるわけです。古典の物語の中では、死んだ母親は生き続けて娘を支えている、そのように読むことができます。

8　母親の援助による勝利と父親との再会

さて、いよいよクライマックスで、嫁比べに出かけて行く行列です。左の先頭に姫君がいて、一番右の最後に宰相殿がいます。「姫、鉢落ち、装束着飾り、いろいろ宝物持ち、嫁比べの座敷へ出で給う」、「宰相殿よろこびにて送り見給う」とある場面です。

奥の左側では明かり障子の間から男たちが覗き見て、右側では女たちが覗き見ています。「鉢かづきが嫁比べに出るを見て笑わん」と注視しているわけです。かつて里人たちが笑ったように、笑ってやろうとします。しかし、「大勢障子のうち覗き見て、姫の美しさに皆々肝つぶす」とあります。笑おうと思ったら、大変な美人が現れたので、びっくりしたということです。宰相殿は「静かに〳〵、負けはせぬぞ」と言い、女たちは「嫁御の内で一番〳〵」と賞讃します。

先頭の姫君は、「皆の衆、大儀じゃの」と言います。大変だけど、よろしく頼むというのは、いっぱしの御婦人という感じです。姫君の後ろに続くのは黄金造りの太刀。その次は黄金の盃で、三宝の上に載せています。その後は黄金の橋で、橘の造花を金で作ったものです。そして、唐綾百反は中国から伝来してきた美しい織物百反です。ドラえもんのポケットではありませんが、こんなに頭に載っていたのかと驚きます。

嫁比べの場では、「鉢かづき、嫁比べに勝ち、世継ぎの嫁にし給い、宰相殿、御跡譲り給う」とあります。姫君の圧倒的勝利で、長男・次男・三男を超えて、四男の宰相殿の嫁である姫君が世継ぎの嫁になり、宰相殿は財産を譲られます。この場面には、中将殿夫婦、奥に三人の兄嫁、手前に姫君が描かれています。中央には唐綾百反・黄金の盃・黄金の橘が置かれています。左側では、男たちが襖障子の間から覗き見ている場面が出てきます。この二人の男は長男・次男・三男のうちの二人でしょう。

しかし、三人の兄嫁たちは姫君の勝利を認めず、「恥かかせんと、さまざまの芸望む」とします。宝物では負けたけれども、何かさせたらしくじるのではないかと考えてやらせるわけです。「姫、三人の嫁に望まれ、琴を調べ給う」と琴を弾きます。兄嫁が「この次に、歌を望みましょう」と言って、和歌を詠ませます。貴族女性の教養は三つです。一つは音楽、二つは和歌、三つは、『枕草子』に出てくるように、書道です、音楽も和歌も書道も全部恋愛のための技術です。ですから、姫君はそういった才能を持っていたのです。一三歳までに母親が教えたのだと想像されます。

いよいよ最後です。「宰相殿、鉢かづき、ほどなく公達二人でき給い、親うち連れ、長谷観音へ参詣」とあります。財産を譲られた宰相殿と姫君には息子が二人生まれ、親子連れだって、彼女の誕生に関わった長谷寺へ御礼参りに行きます。本堂には宰相殿と姫君が並び、下に息子二人が描かれています。

そこに現れたのが、右下のお坊さんです。「さね高、道心になり、長谷観音にて鉢かづきに逢い給う」とあり、父親のさね高公は仏門に入り、修行して歩いていて、偶然娘と会ったのです。姫君とお坊さんのさね高公は目と目が合っています。姫君は「あれはよくとと様に似やんした」と言います。出家しているけれども、あそこにいる人はとてもお父様に似ていると言うのですから、親子の縁は切ることができないのです。息子たちは「これから別当のところへ行こう」と言い、お供たちは「もはや発ちそうな」と言っています。

桜が満開の長谷寺ですけれども、もうそろそろ帰京の時になって、偶然再会したのです。長谷寺が再会の場所になるというのは、『源氏物語』からありますね。九州へ流れていった夕顔の娘・玉鬘が戻ってきて、長谷寺で右近と会って、光源氏の住む六条院に引き取られます。

そして、「姫、さね高にめぐり逢い、親子、婿、孫対面」とあり、父と娘の再会だけでなく、婿の宰相殿、二人の孫とも会うのです。これで三世代が揃うわけで、「御よろこび限りなし」とあり、観音堂で祝宴が開かれます。祝宴ですから、真ん中に島台が置かれています。この場面は、左から、さね高公、公達、宰相殿、姫君が描かれて、お酒を注ぐ人もいます。いじめられて家を出て、入水した姫君が、貴公子に見そめられて幸せになったのです。

最後に、姫君は父親と再会して、許します。あれだけいじめられた父親を許せるのでしょうか。継母は、もう物語の外になっています。この『はちかづきひめ』では、復讐の物語を書きません。継母の行方はわからず、仕返しはありません。ここには、江戸時代の『はちかづきひめ』の思想が表れていると思います。

9　人類が抱えた宿痾と向き合う昔話の対抗力

もうまとめにしなければいけません。こういう継子いじめの話を、光源氏は明石の姫君に読ませたくないと思いました。現在でも、先生方に、「こういう話を中学生に読んで聞かせてください」と言うと、「いやぁ、教室の中には家庭の複雑な子がいますから」ということになります。もちろん、そういう現実を見なければいけません。ここにお見えの高校生の中にも、ご両親が別れて、離れて生活している人がいるかもしれません。

でも、私が大事だと思うのは、こういう話を知っている子と知らない子では違うのではないかということです。今はいじめられていても、いつかは幸せになれるという物語を持っている子が、自殺せずに済むのならば、昔話はとても大事なものではないかと思っているわけです。

そこに、『神戸新聞』の二〇一二年（平成二四年）八月二七日夕刊に書いた「いじめと昔話の力」という文章を載せておきました。いじめによる自殺が社会問題化している、そんな時期に書きました。言葉は、人を励ますこともできますけれども、一方で、人を殺すこともできるのです。人を傷つけるのは、暴力だけではありません。ネット上に、「死ね」という言葉があふれているということが話題になりますけれども、言葉は凶器になるということを、私たちは知っておかなければいけません。国語科の授業では、それを教える必要があると思うのです。

この『はちかづきひめ』のように、いじめられても幸せになれるという物語は、両親の虐待や姫君の入水といった残酷な要素を含むかもしれません。でも、こういう継子いじめの昔話はもう古臭くて、意味がないものだと捨て去ったときに、私たちは大切なものを失うと思います。それはいじめに対する対抗力だと言っていいでしょう。

私たちが教育の中で生きる力を養おうと言うときに、こういったいじめと向き合わねばなりません。千年前の『源氏物語』と三百年前の『はちかづきひめ』を合わせてお話ししたのは、この国が長い間、いじめと向き合ってきたことを認識していただきたいと思ったからです。さらにこれは日本だけの問題ではなく、人類が抱え込んで、解決できない課題だと考えています。継子いじめの昔話が世界中にあるのはそのためでしょう。

今日はこの大学の宣伝の機会でもあります。私は日本文学を教えていますけれども、この大学には文系・理系にたくさんの先生方がいて、基礎科目から教育に関わる分野まで幅広い学びができます。ぜひここで学んで、有能な人材として社会で活躍してくれることを願っています。私どもは快くお迎えして、責任を持って社会へ送り出したいと思います。時間になりましたので、ここまでにします。ご清聴ありがとうございました。

（二〇一七年七月二二日、東京学芸大学オープンキャンパス講演）

戦争と昔話――井上ひさし『父と暮せば』――

1　死者の声を聞く伝統と井上ひさしの戦争体験

このいきいき講座は二〇一七年（平成二九年）五月一七日から始まりましたので、ちょうど二カ月ほどかけて、昭和の劇作家井上《いのうえ》ひさしの世界を六回にわたって見てきたことになります。「国語」という問題を扱った『國語元年』（一九八六年）から始まって、宮沢賢治《みやざわけんじ》、石川啄木《いしかわたくぼく》、夏目漱石《なつめそうせき》、前回は林芙美子《はやしふみこ》でした。多くの戯曲の中から六つを選ぶということで苦労しましたが、今日は、最初の「国語」に並んで、「戦争」という、井上ひさしが抱えた大きなテーマを取り上げて、結びにしたいと考えています。

今日取り上げる『父と暮せば』は、現在でも、井上ひさしの作品の中で繰り返し上演されている作品です。八月になると、戦争を忘れないようにしようという意図で上演しているところもあります。私が毎年伺っている文京区の本郷図書館では、毎年、この『父と暮せば』を取り上げています。短編ですけれども、忘れてはいけない大事な作品だと思います。

新潮文庫の表紙は、青空に雲が浮かぶところに、人物が二人います。福吉美津江という娘と、竹造という父親です。美津江は生きているわけですけれども、竹造はすでに死んでいます。生者と死者とが隔たりを越えて出会う作品がここに生まれています。井上ひさしの作品の中では死者の問題がとても大きいですね。

東北地方では、死と身近に生きるということが今までずっと続いてきたと思います。前にお話しした『遠野物語』（一九一〇年）もそうで、死を身近に感じる話がたくさん含まれていて、死を知らせにやって来る人もいれば、幽霊になって出てくる人もいます。でも、仏教でいう執着のようなことではなく、会いたければふっと会いに来るぐらいの感じです。東北地方では、目の見えない女性が口寄せをしてきました。井上ひさしの故郷・山形県の置賜《おきたま》辺りではオナカマと言いますが、亡くなった人の霊を降ろして、その人の声を聞くのです。日本の中でも、とりわけ死者と身近に生きてきた地域と言っていいでしょう。

東北地方で東日本大震災が起こって、二万人を超える震災関連死がありました。今も、その死をどう受け止めるかということの難しさと向き合っていて、それは阪神・淡路大震災の時とちょっと違います。火災と津波の差もあると思いますが、東北地方の風土が持っている死の受け止め方が大きく出てきているように思います。井上ひさしは山形県の置賜で生まれて、宮城県の仙台で育ち、岩手県の釜石で生活したこともあって、東北地方の風土と深く関わりながら作品を書いてきました。東北地方と東京の関係をどう考えたらいいのか、その問題を生涯抱え続けたと思います。

この『父と暮せば』は、一九九四年（平成六年）にこまつ座で初めて上演されています。一九四五年

（昭和二〇年）の敗戦から半世紀ぐらいのところで、この作品は書かれたことになります。本になったのは一九九八年（平成一〇年）ですから、初演から少し時間差があります。そして、新潮文庫版は、二〇〇一年（平成一三年）に発行されています。

井上ひさしにとって戦争とは何だったのだろうと考えるために、年譜から探ってみます。彼は山形県で生まれて、一九四五年は一一歳でした。八月に、「老教師の涙ながらの敗戦の知らせに、松の根を掘り（松根油を作っていたんですね）、重労働から解放され、歓声を上げる」と書かれています。小学生の井上ひさしが戦争というのをどう捉えたのか、その一端がわかります。

そして、一九六三年（昭和三八年）、二九歳のときから、毎年広島へ通って、図書館で残された手記などを読んで構想を温めてきました。ずいぶん長い時間をかけて戦争と向き合ってきたわけで、それがやっと『父と暮せば』という作品として実を結んだと言えるのでしょう。一方、この作品を書いた後、二〇〇四年（平成一六年）、ノーベル文学賞作家の大江健三郎さんたちと一緒に「九条の会」を発足させて、その呼びかけ人になっています。亡くなる前の一〇年ぐらいは、そういう平和活動に深く関わりました。ですから、『父と暮せば』はそういった人生や活動と深く関わる作品だと見てよろしいかと思います。

2 「知らないふり」することは罪深いことだ

この『父と暮せば』の構造は単純で、最初に「前口上」があって、1、2、3、4と、四つの場面からできていますけれども、登場人物は二人しかいません。話の中に出てくる人物は何人もいますけれども、福吉美津江と竹造という親子だけで、非常に単純です。場所も、基本的には広島の比治山にある福吉美津江の家が舞台になります。時間は、一九四八年（昭和二三年）七月の最終火曜日が第一場面で、金曜日が第四場面です。戦争が終わって三年後の、一週間のうちの、火、水、木、金の四日間が四つの場面に振り分けられています。時間にすれば、凝縮された四日間ということになります。では、「前口上」を見てゆきましょう。それはこう始まります。

ヒロシマ、ナガサキの話をすると、「いつまでも被害者意識にとらわれていてはいけない。あのころの日本人はアジアにたいしては加害者でもあったのだから」と云う人たちがふえてきた。確かに後半の意見は当たっている。アジア全域で日本人は加害者だった。

戦争ということを考えようとするとき、被害者と加害者という問題があります。学校教育の中の国語科では、中学生ぐらいから峠三吉《とうげさんきち》の『原爆詩集』（一九五一年）などを読んで、戦争の悲惨さと平和の尊さを教えます。戦後の国語科教育のテーマの一つとして、平和教育がずっと行われてきました。そのときに取り上げられる題材として、太平洋戦争があります。私は下町で育ちましたので、早乙女勝元《さおとめかつもと》さんの『東京大空襲』（一九七一年）は何度も読んで、父親からも戦争当時の話を聞きました。他にも、沖縄戦、そして広島・長崎の原爆が平和教育の題材として取り上げられます。

しかし、平和教育で取り上げられるのは、必ず被害者としての日本人で、戦争は残酷なものだから、繰り返してはならないという論法です。国語科教育の中で欠けていると感じるのは、加害者としての日本人です。この点は、口をつぐんできたこともあって、なかなか認識されてきませんでした。しかし、戦後五〇年ぐらいの頃、いや、被害者であっただけではなく、加害者でもあったことを認識しなければいけない、という動きが始まったのです。

最近気になるのは、安倍晋三総理が口にする、「戦争のことは私たちの代で終わらせて、子孫に負い目を負わせてはいけない」という発言です。私は韓国や中国へしばしば行きますけれども、終わったことにしたいという論理と、韓国や中国の国民の感情の間には、相当ずれがあります。従軍慰安婦の問題が、落ち着いたかのように見えながら再燃しているのは、決着がついているわけではないということです。終わらせることよりも、日本はもとより、韓国でも、中国でも、みんなで一緒に共通の問題として考えてゆくという認識を育てるほうが重要なのではないかと思っています。

井上さんは、こう言います。

しかし、前半の意見にたいしては、あくまで「否！」と言いつづける。

あの二個の原子爆弾は、日本人の上に落されたばかりではなく、人間の存在全体に落されたものだと考えるからである。あのときの被爆者たちは、核の存在から逃れることのできない二十世紀後半の世界中の人間を代表して、地獄の火で焼かれたのだ。だから被害者意識からではなく、世界五十四億の人間の一人として、あの地獄を知っていながら、「知らないふり」することは、なににもまして罪深いことだと考えるから書くのである。

「いつまでも被害者意識にとらわれていてはいけない」という意見を批判します。日本は唯一の被爆国であると言いながら、これは日本の問題ではなく、人類が抱え込んでしまった深く重い問題として認識されなければいけないと考えています。この口上の中で重要なのは、「核の存在から逃れることのできない二十世紀後半の世界中の人間」という点です。「二十世紀後半」は、東西の冷戦構造の中で、緊張感が維持されてきました。ところが、「二十世紀末」、東西の冷戦構造は崩れました。今、北朝鮮の核開発ということが問題になっていますが、あれは東西の冷戦構造が崩れた隙間から起こってきていると思うわけです。ですから、二〇世紀後半どころか、二一世紀になって、私たちはむしろ、核の存在からますます逃れられなくなっている。「核を放棄し、廃絶しよう」と世界で呼びかけていますけれども、核保有国は賛同しようとしませんし、日本もそれに署名をしないという形になっています。核廃絶というのがどれだけ難しいかがわかります。

オバマ前アメリカ大統領が広島の原爆資料館に来て、二羽の鶴を置いていったのは、やはり歴史的な出来事です。被爆者たちは、アメリカ大統領に広島の地を訪れてもらいたいという願いを抱いてきました。それに応じるように、大統領を辞める直前に来て、鶴を置いていったのです。小さなことですが、その意味は大きいと思います。アメリカは核を落としたのは正義であり、戦争を早く終結させたと、多くの国民は思っているわけですから、次のステップを歩むために、やはり大事な一歩だったと考えます。

そして、井上さんはこう言います。

おそらく私の一生は、ヒロシマとナガサキとを書きおえたときに終わるだろう。この作品はそのシリーズの第一作である。どうか御覧になってください。

その後も、戦争の問題を書こうとして、途中で終わってしまいましたが、彼はこういった作品を書き続けたいと思っていたのです。一回で終わりではなくて、持続したいと考えていたはずです。作家の使命は何なのかということを、やはり意識していたのだろうと感じます。この作品をどう受け止めるかということになりますので、中身に入って読んでみたいと思います。

3　稲光りと雷の音に敏感に反応してしまう理由

第一場面は、一九四八年七月の最終火曜日の午後五時半、広島市の福吉美津江の家です。「茶の間の奥に見えていた玄関口に下駄を鳴らして、美津江が駆け込んでくる。二十三歳。旧式の白ブラウスに、仕立て直しの飛白《かすり》のモンペをきりっとはいて、ハンドバッグ代りの木口の買物袋をしっかりと抱いている。茶の間に足を踏み入れたとき、またも稲光り。美津江、買物袋を抱きしめたまま畳に倒れ込み、両手で目と耳を塞いで、」と説明があります。昨日も雷が鳴っていましたけれども、七月の終わりの夕立です。

美津江は、なぜ稲光りと雷の音に敏感に反応してしまうのでしょうか。稲光りと雷の音がトラウマのようになっているのは、原爆投下を思い起こさせるからです。「おとったん、こわーい！」と叫ぶと、「押入れの襖がからりと開いて上の段から竹造」が現れます。変な感じですけれども、父親の竹造は押入れの上段にいるのです。その様子について、「竹造は白い開襟シャツに開襟の国民服。雷よけに座布団を被っているが、美津江にも座布団を投げてやって、」と説明します。「なにをしとるんで、はよう座布団かぶって下段へ隠れんさい。」、「（ギクリが半分、うれしさも半分）おとったん、やっぱあ居ってですか。」、「そりゃ居るわい。おまいが居りんさいいうたら、どこじゃろといつじゃろと、わしは居るんじゃけえのう。居らんでどうするんじゃ」というやりとりがあります。娘の美津江がいてほしいと願ったら、父親の竹造は、どこにでも、いつでも現れるのです。あとで見るように、竹造の奥さん、つまり美津江の母親は、美津江が幼いときに亡くなって、父と娘の家庭でした。竹造はシングルファザーとして美津江を育ててきたことがわかります。

美津江が「じゃけんど、こげえド拍子もない《なー》話があってええんじゃろうか。こげえ思いも染めん話が……」と訴えると、竹造は「なにをぐどりぐどりいうとる。はようこっちへ……（閃光《せんこう》に）ほら。来よったが！」と答えます。この「ぐどりぐどり」は広島の擬態語で、「ぐどりぐどりいうとる」はぐずぐず言っているという意味だと思います。ときどきこういう方言が出てきます。

そして、美津江が、「（押入れへ入り込みながら）……おとったん！」と言って、押入れに入り込みます。

「遠のいて行く稲光りと雷鳴。その合間を縫って押入れの上段と下段で、」と説明します。ですから舞台では、押入れの上段に父親の竹造が、下段に娘の美津江がいるという構図で話が進みます。竹造は、「おとったんと押入れ《とだな》と座布団と、味方が三人もついとるけえ、ピカピカがこようが、ドンドロが鳴ろうが、もう大丈夫じゃ。」と言いますが、美津江は、「じゃけんど、うちゃあもう二十三になるんよ。ええ大人がドンドロさんが鳴るいうてほたえ騒いどる。」と答えます。「ほたえる」は、広島の方言では、うろたえる、慌てるという意味です。二三歳の大人なのに、雷が鳴ると言ってうろたえ騒いでいるという自省です。雷と言わないで、「ドンドロ（さん）」と言うのは、子供扱いにしている印象を与えます。

美津江がさらに、「情けのうてやれんわ。ほんまに腹の立つ。」と言うと、竹造は、「（断乎として）おまいが悪いんじゃない《なー》。」「おまいはこないだじゅうまで女子専門学校の陸上競技部のお転婆で、ドンドロさんが鳴りよろうが平気で運動場を走り回っとったじゃないか。」と慰めます。後で言うように、美津江は広島女子専門学校の国文科で昔話の研究をし、陸上部で活躍したのです。二番で卒業した才女で、このときは図書館で働いているという設定です。

それに対して美津江が、「部員が三人しかおらんかったけえ、短距離から長距離まで、うちが一人で受け持っとった。そいじゃけん忙しゅうて忙しゅうて、ドンドロさんなぞに構《かも》うとられんかった。」と言うと、竹造は、「その胆《きも》の太《ふてー》いおまいが、こげえほたえ騒ぐようになったんはなひてじゃ。」と受けます。大胆で、心臓に毛が生えたような娘なのに、こんなにもうろたえ騒ぐようになったのはどうしてなのかと尋ねます。すると美津江自身も、「……それがようわからんけえ、おとろしゅうてならんのよ。」

と答えます。無意識のうちに、恐ろしさが心の中に染みついてしまっているということなのでしょう。

それについて竹造と美津江は、「ほいでに、いつから、そがあなったんじゃ。」、「三年ぐらい前から、かいね。」、「あのピカのときからじゃろうが。」、「やっぱあ……?」とやりとりします。「あのピカ」が、原爆投下を指すわけです。ですから、それ以前は雷も気にせずに運動場で走り回っていたのに、原爆に遭って生き残ったにもかかわらず、稲光りと雷鳴が聞こえると、原爆投下を思い出して体が怯えてしまうようになったのです。

4　町の写真館とシングルファザーの子育て

そして、竹造と美津江は、「富田写真館の信《のぶ》ちんを知っとろうが?」、「うちらしじゅう写真を撮ってもろうとったね。」、「腕のええことじゃあ広島でも五本指に入る写真屋じゃ。」、「ほいでにおとったんと組んでいっつもあぶないことをしとってでした。」と回想します。

今ではカメラがデジタル化していて、誰でも自由に綺麗な写真が撮れますので、わざわざ写真館に行くことは減っているかもしれません。町の写真館はその地域の記憶を残す装置です。家族写真ももちろんですけれども、学校行事や地域のお祭りも撮っているので、写真館は地域の歴史の貯蔵庫という感じがします。ですから、写真館はドラマや映画のいろいろな場面に出てきます。

そして、回想の会話は、「あのころ、おとったんはうちんとこ、福吉屋旅館をまるごと陸軍将校の集会所に貸しとったけえ、その伝手《つて》で物資《もの》がぎょうさんあって、」、「あったよのう。お米にお酒、鮭缶に牛缶、煙草にキャラメル、押入《とだな》れにはなんでもありようた。おまいはまだねんねんのときにおかやん亡《のう》くしたふびんな女の子《おなごんこ》じゃけえ」と続きます。この家は福吉屋旅館を経営して、戦争中は陸軍将校の集会所に旅館を提供していた。軍に協力したので、いろんな物資が入ってきたのでしょう。

竹造は「おまいはまだねんねんのときにおかやん亡《のう》くした」というので、美津江が赤ちゃんのときに母親は亡くなったのです。二三歳の娘に、「ねんねんのときに」と言うのも子供扱いで、父親が娘離れできていない感じがします。子離れができていないので、心配なのでしょう。

今の核家族では、父親・母親が育てなければならなくなりますから、そのぶんつながりが強いところがあります。家族構造から言えば、これはうまくいっていないわけで、働きたいお母さんが保育園を探して、「保育園落ちた。日本死ね」みたいなことになってしまいます。かつて保育はお祖父さん・お祖母さんがしていたわけですが、それができなくなり、保育園を探さなければならなくなったのです。一方、お祖父さん・お祖母さんはどうするかというと、六〇歳で定年を迎えて、平均寿命で言えば、男性も女性も老いの時間がさらに二〇年ありますから、その二〇年をどうするか、生き方を悩まなければいけないわけです。かつてであれば、孫の世話をしていればよかったのですが、家族構造が変わったために孫がいません。

一方で保育が必要になり、一方で介護が必要になるという構造になって、お互いに不幸な感じになっています。本当はもう少し社会の構造そのものを考えないといけません。保育所を探せばいい、介護施設を探せばいいというのでは、財政負担が増大するだけで、抜本的な解決策にはならないのではないかと思います。今は、みんながしあわせになれるような社会の仕組みができていないような感じがします。

美津江は、幼いときに母親を亡くした女の子でした。それから二〇年ぐらい、竹造がシングルファザーとして育ててきたのです。竹造が、「母の愛には飢えても物に飢えさせたらいけん思うて、おとったんはいのちこんかぎり……、」と続けるのは、そうした事情があったのです。竹造はどのように愛情を注いだらいいのか、すごく迷ったのでしょう。そのときの選択肢として、戦時中物資がなくなる中で、不自由がないように、陸軍将校の集会所に貸すことにしたのでしょう。

しかし、美津江は、「お米や煙草で釣って女子衆《おなごしゅ》を温泉へ連れ出して、湯に入っとるところを信ちんおじさんがこそっと写真に撮って、それを将校さんたちに見せとってでした。ほいから……、」と言って、父親の悪行を取り上げます。このあたりが「あぶないこと《なー》」にあたります（笑い）。娘は女子専門学校に行っている時期でしたが、父親がしている「あぶないこと《なー》」を知っていたわけです。

それに対して竹造は、「じゃけえ、その信ちんは、いまは駅前マーケットでええ加減な芋羊羹《いもようかん》を売っとってじゃ。」と弁解します。写真館を止めて、戦後は駅前のマーケットで芋羊羹を売っているのです。広島の荒廃を考えれば、おそらく復興の際にできた闇市でしょう。美津江は「知っとる。」と答えますが、竹造は、「立派な技量を持っとるあの信ちんがなひて闇屋の真似をせにゃ生きて行けんのか。」と不満を漏らします。それまでの技術が生かされない社会になって、闇商売で芋羊羹を売って生きるしかないことに矛盾を感じているのです。美津江は、「裸写真を撮った罰《ばち》があたったんよ。」とやり返しますが、竹造は「まじめに聞かにゃあいけん。」と諭すのです。

そして竹造は、「あれからこっち、マグネシュウムがピカッ、ポンいうて光りよるたんびに、あのピカの瞬間が、頭の中に、それこそよう撮れた写真を見るようにパッと浮かび上がってくる、そいがおとろしゅうてどもならんけえ、写真屋はやめた、信ちんはそがいいうとった。つずまり、マグネシュウムもドンドロさんもピカによう似とるけえ、信ちんも、おまいも、ほたえるようになったんじゃ。」と説明します。

信ちんが写真屋を止めたのは、マグネシュウムをパッと光らせて写真を撮る、その瞬間が恐ろしくてならないからだと言うのです。この信ちんという人も、原爆投下のピカッという光がトラウマになって、写真屋が続けられなくなったのです。マグネシュウムは写真屋の信ちんに、ドンドロさんは美津江に、それぞれ投下された原爆を思い出させたのです。

美津江は「……ほうじゃったか。」と納得し、竹造は「ほいじゃが。理由があって、ほたえとるんじゃけえ、恥ずかしい思うちゃいけんど。そいどころか、ピカを浴びた者は、ピカッいうて光るもんはなんであれ、それがたとえホタルであってもほたえまくってええんじゃ。いんにゃ、けっかそれこそ被爆者の権利ちゅうもんよ。」と説明します。美津江は自分が何で恐ろしいのかわからないのですが、竹造は写真屋のことを引き合いに出して説明します。広島で原爆に遭って生き残った人たちの中に、トラウマがいろいろな形で残って、心的ショックがなかなか消えなかったのだろうと思います。

竹造は、怯えるのは恥ずかしいことではなく、「被爆者の権利」だと言います。しかし、美津江が「そがん権利があっとってですか。」と批判すると、竹造は「なけりゃ作るまでのことじゃ。ドンドロさんにほたえんような被爆者がおったら、そいはもぐりいうてもええぐらいじゃけえのう。」と言い張ります。そして、「(ピシャリと) それはちいっと言いすぎとってですよ。」、「そりゃまあ、ごもっともじゃが……。」と進んでいきます。

そして、二人は、「やあこれは。お日さんが出とりんさる。」、「ほんまじゃ。」、「ドンドロさんはどうやら宇品《うじな》の海の上へ退《の》きゃんしたげな。」、「やれうれし。」と話し合います。比治山にある美津江の家から、宇品は海岸の方角です。広島には、海軍兵学校があった江田島が沖にあって、その東側には呉《くれ》の軍港があります。広島がそんな場所であることが、会話からわかります。

5　娘の恋の応援団長になって現れた父親

次の場面では、美津江は女子専門学校を卒業して図書館で働いています。彼女に、文理科大学の助手をしている木下という男性が好意を持ちます。木下は呉の海軍訓練所の技術中尉でしたが、このとき二六歳でしたから、ちょうど三歳年上です。海軍の技術中尉でしたが、大学へ行き直して文理科大学の助手になり、原爆の資料を探しているという設定になっています。

木下が図書館で働く美津江に饅頭をくれました。美津江が、木下さんがなんで饅頭をくれたんだろうと問うと、竹造は、図書館の貸出台には隣にもう一人いるのに持ってきたのは、好意を持っているからだろうと答えます。竹造が「饅頭に隠されたもう一つの意味はなんじゃろか。」と言うと、美津江は恥ずかしがって、「饅頭の話はもうやめてちょんだいの。」と遮りますが、竹造は「こいはおまいにとって大事中の大事じゃけえ、あくまで饅頭の意味を追及せにゃあいけん。」とつめよります。

美津江は、「ここんとこへきてにわかに現れてきんさって、ばかば《ばー》かりいうとってですけえ、うちゃあもう、あたまァ痛うてやれんわ。」と言います。竹造は急に現れるようになったのです。しかし、美津江は「饅頭の意味を追及せにゃあいけん」という馬鹿なことばかり言っているというのです。でも、竹造は、「結句おまいも木下さんを好いとるんじゃ。」と核心を突きます。娘の無意識にある感情を意識化させる父親の言葉です。そして、「たがいに一目惚れ、やんがて相思相愛の仲になるいうことよの う。」と予言するわけです。さらに、「見かけはごつう固そうじゃが、中身はえっと甘い《あまー》。おまいの心は饅頭とよう似とる。」、「(叫ぶ)そがいなことはありえん。……ひとを好きになるいうんを、うち、自分で自分にかたく禁じておるんじゃけえ。」というやりとりがあります。これは一つのポイントで、美津江は人を好きになってはいけないと心に戒めているのです。

すると竹造は、「木下さんをなんとも思うておらんのじゃったら、おまいは今日その場で饅頭を突き返しとったはずじゃ。」と言います。饅頭を受け取ったのは、心の底に思う気持ちがあるからではないかというのです。美津江は反応して、「いつも静粛に！　そいがうちの図書館の第一規則なんよ。「こないだはどうも。饅頭どうぞ」「うち困ります」「そう言わずにぜひどうぞ」「饅頭《まんじゅうー》をいただくんは規則で禁じられとります」……窓口でそがいなへちゃらこちゃらした問答がでけると思うとんの。館長さんも主任さんも、ほいて隣の高垣さんも、みんな聞き耳《みみゅー》を立てとるんよ。黙って貰うとくよりほか術《すべゃー》はありゃせんが。」と説明します。

竹造は少し話をずらして、「明日は木下さんと会うんじゃろう。昼休みに図書館近くの千年松で会おういう約束をしとったろうが。」と言います。竹造は押入れの上段にいながら、娘のことが全部見えているのです（笑い）。そして、「それも断ろう思うたんじゃけえ……。」、「窓口でいつまでもへったらこったら問答しとるわけにはいかんかったいうんか。」、「ほいじゃけえ、ウンちゅうて頷いただけのことじゃ。」、「ありゃあのう……。」、「おとったんもよう見とってつかあさい。明日《あしたー》は木下さんに、二度とうちに声をかけんでくれんさいいうて、はっきりことわってくるけえ。」という会話が続きます。

しかし、竹造は、「なひて万事そがいに後ろ向きにばか《ばー》り考えよるんじゃ。」と批判します。どうして何から何までそうネガティブにばかり考えるんだというのです。さらに、「木下さんを好いとるなら好いとるでええじゃないか。こっちはあっちを好いとる。あっちもこっちを好いとる。そいじゃけん、こっちとあっちが一緒になれたらしあわせ。これが木下さんのくれんさった饅頭のまことの意味なんじゃ。」と、先ほどの「饅頭の意味」を説明するのです。

でも、美津江はさらに言います。人を好きになってはいけないだけではなく、「うちはしあわせになってはいけんのじゃ。じゃけえもうなんもいわんでつかあさい。」と。しあわせになってはいけないと主張します。しかし、竹造は、「これでもおまいの恋の応援団長として出てきとるんじゃけえのう、そうみやすうは退《の》かんぞ。」と強引です。父親の竹造は、美津江の恋を成就させるための応援団長として現れているのです。

ここまで見てくればおわかりのように、実は、竹造は、最初にお話ししたように、亡くなっているのです。亡くなった竹造は、娘が好きになってはいけない、しあわせになってはいけないと尻ごみをしているので、背中を押して恋を前に進めるために、恋の応援団長として現れたのです。応援団長といっても、彼一人しかいませんが（笑い）。

すると美津江は、「……応援団長？」と不審に思いますが、竹造は、「ほうじゃが。よう考えてみんさい。わしがおまいんところに現れるようになったんは先週の金曜からじゃが、」と言います。これは火曜日の夕方の場面なのですが、前の週の金曜日に現れたと言っています。先ほどの会話に、「ここんとこへきてにわかに現れてきんさって」とあって、急に現れたのは、木下が美津江に近づいてきたのと対応しているのです。好意を持っている男性に恋をしてはいけない、しあわせになってはいけないと思っている娘を、このまま諦めてはいけないと思って現れてきたことがわかります。

そして、「あの日、図書館に入ってきんさった木下さんを一目見て、珍しいことに、おまいの胸は一瞬、ときめいた。そうじゃったな。」、「（思い当たる）……。」と続きます。死者である竹造は、ずうっと娘の美津江のことを心配して見つめてきたのです。そして、ここで現れなければいけないと思ったときに、ちゃんと現れるのです。そして、竹造と美津江のやりとりは、「そのときのときめきからわしのこの胴体ができたんじゃ。おまいはまた、貸出台の方へ歩いてくる木下さんを見て、そっと一つためいきをもらした。そうじゃったな。」、「（思い当たる）……。」、「そのためいきからわしの手足ができたんじゃ。さらにおまいは、あの人、うちのおる窓口へきてくれんかな、そがいにそっと願《ねご》うたろうが。」、「（思い当たる）……。」、「そのねがいからわしの心臓ができとるんじゃ。」、「うちに恋をさせよう思うて、おとったんはこないだからこのへんをぶらりたらりなさっとったんですか。」と続きます。

木下に美津江がときめいたときに、死者が肉体を持ちはじめたのです。美津江の心の動きはすっかり見透かされているわけです。ときめきから胴体ができ、ためいきから手足ができ、そしてねがいから心臓ができます。死んだ父親は肉体を得て、娘に見える姿で現れ、恋をしてはいけないという思いを変えようとするのです。それが「おまいの恋の応援団長」という意味です。

6　国文科で学んだ美津江が語る「若返りの水」

第二場面は、翌日、水曜日の午後八時の設定になっています。次の日には、図書館員が比治山の公園で子供たちにお話をして聞かせることがあって、担当になった美津江が練習をしている場面です。昔話を読み上げるという、語り聞かせるような練習をしています。

……むかしから、この広島は「七つの川にまたがる美しい水の都」として知られとりましたが、それら七つの川は郊外の北の方で一本にまとまって太田川になります。そのころのおねえさんは、国文科のお友だちと、毎週のように太田川ぞいの村むらへ出かけて、土地に伝わる昔話を聞いて回るのをたのしみにしとりました。

標準語に少し広島の言葉が入っています。広島女子専門学校の国文科に在籍していた美津江は、昔話研究会の会員で、郊外に出て昔話を集めました。一九三〇年代から四〇年代は、昔話研究が盛んな時期で、女学校などの生徒に昔話を集めさせたりして、たくさんの昔話が集まっています。広島は師範学校がもうちょっと早く集めましたが、この辺りですと、有名なのは川越女子高等女学校で、今は川越女子高等学校になっていると思います。『川越地方昔話集』（民間伝承の会、一九三七年）は、鈴木棠三《すずきとうぞう》という先生が、女学校の生徒たちに、身近にいるおばさんとかおばあさんに話を聞いていらっしゃいと言って集めて作ったものです。柳田国男が唱えて、日本全国で昔話を集めるようになり、女学校の先生たちが昔話を組織的に集めるようになったのです。

戦後になると高校や大学にたくさんの研究会ができて、テープレコーダーを担いで、録音できるような時代になりました。ちょうど私の学生時代というのがそんな時代で、今から四〇年ぐらい前は、カセットテープを持って日本の山村や島へ行けば、まだ明治生まれのお年寄りがいて、昔話を語って聞かせてくれました。

宮城県の気仙沼は、ちょうど二三、四歳ぐらいのときに行きましたので、もう今から三五年ぐらい前です。明治半ば過ぎのお婆さんがいて、たくさん昔話を聞いた思い出があります。一九三三年（昭和八年）の昭和三陸大津波の体験をした人たちもいましたので、津波の話もずいぶん聞きました。しかし、その時は夢物語のようで切実感がなく、「ああそうですか」と聞くだけでした。

前にもお話ししましたけれども、気仙沼から北へ行くと船越半島があって、山田町には『遠野物語』に出てくる話があります。おじいさんが、「この船越というのは、昔、津波が来て船が山を越えたんだ。

だから船越半島だ」と語ってくれました。本当なのか、大ぼら吹いているのか、どっちかわからず、「はあ、そうですか」と聞きました。そうしたら、今度の東日本大震災で、船越半島は半島の付け根が切れて、一旦島になりました。後で埋め立ててつないで、今は通れるようになりましたけれども、山を船が越えてしまうというのは、とても想像できなかったのです。船越という地名は、やはり記憶を残してゆく大事な記号だったことに気がつきます。しかし、八〇年が経つと、だんだんとリアリティーを失って、切実な歴史だったのに、ほら話のように聞いてしまうことがあって、深く反省しているところです。

ですから、国文科に在籍した美津江は、広島の郊外に出て昔話を聞いて歩いたのです。しかし、「ほんまいうと、行った先で出してくれんさるカキの味噌雑煮とか、松茸入りの混ぜご飯とか、こんにゃくの味噌べったりとか、御馳走《ごっつぉー》をいただく方がずんとたのしみじゃったけえ、熱心に歩き回っとったんでした。」と告白しています。若いですから、昔話を聞くよりも、食べ物に関心があったのです。昔話を聞きに歩くと、「よく来てくれた」と言って、私もずいぶん、昼ごはんを御馳走になりました。それだけでなく、「泊まっていいけ」と言われて、泊めてもらったこともあったぐらいです。若いときに、ずいぶん地方の人たちにお世話になりました。こんな季節に仙台辺りに行くと、ずんだもちでした。

そして、美津江はこう語りつづけます。

こいからお聞かせするんも、そのころ、あるお年寄りから教えてもろうた昔話の一つです。そんときはたしか焼き鮎をいただいたように思いますが。（せき払い一つ）さて、その太田川からちょんびり山ん中に入《い》ったところに、おじいさんとおばあさんが住んどったそうじゃげな。おじいさんは欲ぼけの怠けもん、げえに至らぬ男でちいとも働こうとせんけえ、おばあさんが洗濯やら柴刈りやら焼き鮎づくりやら、なんやらかんやら一人でこなして、ようやっと暮しを立てておった。

そのときに食べた焼き鮎が昔話と深く結びついています。「そうじゃげな」というのは、昔話の語りの口調です。「桃太郎」みたいですけれど、おじいさんとおばあさんが太田川から少し山の中に入ったところに住んでいたというので、リアリティーがあります。「あるところに」ではなく、すぐ身近にそういう世界があるとして昔話を伝説化して語ります。おじいさんは柴刈り、おばあさんは洗濯ではなく、おじいさんは怠け者で、ものぐさ太郎ですから、おばあさんが両方やって、さらに焼き鮎づくりもやっていたというのです。働き者のおばあさんと怠け者のおじいさんという対照です。

ある日のことじゃ。鮎とりに出かけたおばあさんは、あんまりのどが渇いたけえ、川の水を一口のんだ。ほいたらどうじゃ、顔のしわがいっぺんにのうなって、もう一口のんだら、今度は腰が伸びて、もう一口のんだら、まぶしい《まばいー》ほど見事なええ女子《によぼ》に若返ってしもうたんじゃ。帰ってきたおばあさんからこの話を聞いたおじいさんは、「なひてばあさんばかり若返るんじゃ。わしもおまいに負けんほどのええ若い衆《わけーしゅ》になってみせたるぞ」、そがい叫《おら》んで家から飛び出して行きよったが、それっきり、夜になっても戻ってこん……、今、アンチエイジングが流行ですが（笑い）、これは「若返りの水」という昔話です。この後、どうなったと思いますか（笑い）。昔話では決まっていて、おじいさんはもっと若くなりたいって（笑い）欲をかいて飲み過ぎて、赤ちゃんになって泣いています。おばあさんが行ったら、おじいさんに似た赤ちゃんがいたというのです。結末は、あんまり欲をかくものではないという話になります。

美津江は、こうした昔話は形を変えずに、そのまま伝えなければいけないと考えます。柳田国男の教えを守って、昔話研究をしていたことを示します。しかし、父親の竹造はそうではありません。

7 竹造が語る「ヒロシマの一寸法師」の創作

一方、先の木下は原爆瓦を集めていました。原爆瓦というのは、原爆が落ちたときに吹かれて、逆立ったようになった瓦を指します。しかし、三年が経つと、そういう原爆にゆかりの遺品がどんどんなくなり、木下は保存しなければ消えてしまうので、そういった遺品を集めて、それを図書館で保存してくれないかと頼んでいたのです。

原爆の遺品は資料館ができて残っていますけれども、なかなか残りにくいところがあります。関東大震災が起こりましたが、痕跡はほとんど残っていません。東京都慰霊堂に資料館があって、曲がったタイヤなどいろいろなものが残っていますけれども、意識して残さなければ残りません。横浜では震災記念館をすぐ建てて、小学校の先生たちが遺品を集めて保存しました。ところが戦争中に、記念館は機能しなくなり、そこに集まった関東大震災ゆかりの遺品は散逸してしまいました。
今、東日本大震災の後、震災遺構をどう残すかということで、さまざまな議論をしています。南三陸町の防災庁舎は何年間か残すことが決まったようですけれども、多くの場所では、残したいと思っても、お金がかかって残せないというのが現状です。そこが公園になれば、その場所は残りやすいのですけれども、そうでなければ、その上に新しい街が築かれますから、ますます残りがたくなります。
木下が戦災資料を保存すると言っている三年後ぐらいは、そういう資料がどんどん失われてゆくけれども、探せばまだある時期だったようです。そこで、竹造は、よく知られている昔話の中に原爆資料を入れ込んでみたらどうかと勧めて、こんな話をします。

参考になるものやらならんものやらよう分からんが、聞いてつかあさい。（おはなしが始まる）一寸法師……、お椀《おやわん》の舟で京の都へ上ったあの一寸法師のことはみんなもよう知っとってじゃの。お姫様を救おうと赤鬼の口の中へ躍り込み、縫い針の力でお腹《どんばらん》の中《なかー》をチクチク刺し回って、とうとう鬼めを降参させてしもうた。強い《つえー》のう。たしかに強い《つえー》。じゃけんど、ヒロシマの一寸法師はもっと、えっと、ごつう強いんじゃ。

それに対して美津江が、「……ヒロシマの一寸法師？」と尋ねると、竹造は「（大きく頷いて）「福吉美津江のエプロン劇場」のはじまり！」と言って、こう語り始めます。

（また頷いて）エプロンのポケットをいい具合《えーがい》に使うて話をしっかり盛り上げるわけじゃ。さて、赤鬼のお腹《どんばらん》の中へ飛び込むまではおんなじじゃが、その先は大けにちがうぞ。（おはなしに戻る）赤鬼のお腹《どんばらん》の中に飛び込んだヒロシマの一寸法師は、（エプロンの右下のポケットから原爆瓦を出して高く掲げ）この原爆瓦を鬼めの下っ腹に押しつけて、

『やい、鬼、おんどれの耳くそだらけの耳の穴かっぽじってよう聞かんかい。わしが持っとるんはヒロシマの原爆瓦じゃ。あの日、あの朝、広島の上空五百八十メートルのところで原子爆弾ちゅうもんが爆発しよったのは知っちょろうが。爆発から一秒あとの火の玉の温度は摂氏一万二千度じゃ。やい、一万二千度ちゅうのがどげえ温度か分かっとんのか。あの太陽の表面温度が六千度じゃけえ、あのとき、ヒロシマの上空五百八十メートルのところに、太陽が、ペカーッ、ペカーッ、二つ浮いとったわけじゃ。頭のすぐ上に太陽が二つ、一秒から二秒のあいだ並んで出よったけえ、地面の上のものは人間《にんげ》も鳥も虫も魚も建物も石灯籠《どーろ》も、一瞬のうちに溶けてしもうた。根こそぎ火泡を吹いて溶けてしもうた。屋根の瓦も溶けてしもうた。しかもそこへ爆風が来よった。秒速三百五十メートル、音より速い爆風。溶けとった瓦はその爆風に吹きつけられていっせいに毛羽立って、そのあと冷えたけえ、こげえ霜柱のような棘《とげ》がギザギザギザと立ちよった。瓦はいまや大根《だいこ》の下ろし金、いや、生け花道具の剣山。このおっとろしいギザギザで、おんどりゃ肝臓を根こそぎ摺り下ろしたるわい。ゴシゴシゴシ、ゴシゴシゴシ……』

痛《いと》うて痛うて赤鬼は、顔の色を青うしてからにそのへんを転げ回ってのた打った。

こうして原爆瓦のできた様子を説明します。一寸法師の鬼退治の中に、この原爆瓦の話が盛られてゆくわけです。竹造は、今度は薬瓶を出して、

すぐさま、ヒロシマの一寸法師は熱で溶けてぐにゃりと曲がった薬瓶を取り出し、
『やい、鬼。こんどはこの原爆薬瓶で、おんどりゃ尻の穴に、内側から栓をしてやるわい。ふん詰まりでくたばってしまやあええ』

と語り、さらに上のポケットからガラスの破片を出して掲げ、
『……やい、鬼。これは人間の身体《からだ》に突き刺さっとったガラスの破片ぞ。あの爆風がヒロシマ中のありとあらゆる窓ガラスを木っ端微塵に吹ッ飛ばし、人間の身体を、（涙声になっている）針ネズミのようにしくさったんじゃ……』

と語ります。美津江は「やめて！」と言いますが、それはあのときのことを思い出すからです。竹造は、さらに、

『このおっとろしいガラスのナイフで、おんどりゃ大腸や小腸や盲腸を、千六本にちょちょ切っちゃるわい』……。

と続けますが、美津江は「もうええですが！」とやめさせようとします。竹造は、「……非道《どえりゃー》いものを落としおったもんよのう。人間《にんげ》が、おんなじ人間《にんげ》の上に、お日《ひー》さんを二つも並べくさってのう。」と言い、「原爆資料を話の中に折り込むいうんは、それがどげな話であれ、広島の人間には《にゃー》、やっぱあ辛いことかもしれん。これはよう覚えちょかにゃなりませんのう。木下さんにおまいを気に入ってもらおう思うてやったことじゃが、悪《わりー》いことをした。わしのひらめきちゅうやつは《あー》どうもいけん。」と結びます。

竹造は、木下が原爆の資料を保存したいとするなら、昔話も同様で、「ヒロシマの一寸法師」は原爆瓦や薬瓶やガラスの破片を入れて保存し、語り継ぐべきではないかと考えるのです。しかし、美津江がひどく怖がっているので、悪いことをしたと謝っています。物を保存するとともに、民俗学では話を保存してきたわけですが、原爆に対する思いの強い竹造は興奮して、どんどん話を盛っていった様子がわかります。

8　「うちが生きとるんはおかしい」と主張する美津江

第三場面は、その翌日の木曜日の正午過ぎです。その日はおはなし会で、比治山の公園で子供たちに

「若返りの水」を語ろうと思っていました。しかし、雨でおはなし会が流れてしまい、美津江は早引けして帰って来ます。そこで、原爆病のことが出てきます。井伏鱒二《いぶせますじ》の『黒い雨』（一九六六年）もそうですけれども、原爆病が三年経って出てきたのではないかと思われるのです。

その後で、美津江は竹造に、「そのうちに、木下さんが比治山の方から図書館へ向かって歩いて来《き》んさるんが見えた。会うちゃいけん思うて、早引けさせてもろうてきた……。」と言います。それに対して竹造は、「（ぶるぶる震えている）昔じゃったらここでゴツンと一発ぶしゃあげるところじゃがのう！」と言います。「ぶしゃあげる」は「ぶしゃげる」とも言い、殴る、叩くという意味です。しかし、美津江は、「おとったん、これでええん。うち、人を好いたりしてはいけんのです。」と言います。人を好きになってはいけないというのです。それに対して竹造は、「むりをしよると、あとでめげるど。」と言いますが、美津江は、「ええいうたらええんじゃ。じゃけえ、もうほっといてくれんさいや。」と拒絶します。

竹造と美津江のやりとりは、「応援団長をなめちゃいけんど。」、「顔色《いろめ》変えてどうしたん？」、「すっぺーこっぺーごまかしいうちゃいけんで。おまい、どこまでも木下さんを好いちゃおらんいい張るつもりか。」、「じゃけえ、それは……。」、「聞くだけ野暮ちゅうもんじゃな。（文机の封筒と便箋を指して）「みもとに」。この脇付けにおまいの気持ちがはっきり出とるじゃないか。」、「（一瞬、動揺するが）女性ならだれでもそげえ書きよってじゃ。」と続きます。

この「すっぺーこっぺー」は、なんだかんだという意味でしょうけれども、嘘をついてごまかしてはいけないと、竹造は説得します。美津江が、「一人住まいですので置き場所はございます……」と書いたことに対して、「ただの利用者にあててこげえなことが書けるか。」と指摘しますが、美津江は、「それ、いたずら書き。捨てよう思うとったんよ。返してちょんだいの。」と反論します。「一人住まいですので置き場所はございます……」というのは、原爆資料を家で預かると言いたいのです。

美津江は「会うちゃいけん」と思いながら、一方で、「一人住まいですので置き場所はございます……」と書いているので、矛盾です。竹造は、もっと素直にならなきゃいけないと言うのです。「どうして人を好いちゃいけんいうんじゃ。たしかにおまいは人がたまげてのけぞるような美人じゃない《なー》。そいの半分はわしの責任でもある。じゃけんど、よう見りゃ愛嬌のあるええ顔立ちをしとるけえ、そいはわしの手柄じゃ。」と言います。何を言ってるのかわかりませんけれども（笑い）、言いたい放題ですね。美津江も「なにいうとるんね。」と言いますが、竹造は「……もしかしたら原爆病か。あいつがいつ出てくるかもしれんけえ、そいで人を好いちゃいけん思うとるんじゃな。」と尋ねます。それに対して美津江は、「（頷いてから）じゃが、木下さんが、そのときは命がけで看病してあげるいうてくれちゃったです。」と答えます。もうけっこう話は進んでいるのです（笑い）。

それを受けて竹造は、「なんな、ずいぶん話は進んどるんじゃないか。（ひらめいて）そうか、生まれてくるねんねのことが心配なんじゃな。たしかに原爆病はねんねにも引き継がれることがあるいうけえ、やれんのう。」と言います。美津江は、「（頷いてから）そのときは天命じゃ思うて一所懸命、育てよう……、」と木下が言っているというのです。もっと話は進んでいた（笑い）。そして、「そいも木下さんのお言葉かいの。」、「遠回しにじゃけど、そがあいうとられとってでした。」と答えます。父親は全部見てるはずなのに、ここまでは気がつかず、話は予想以上に進んでいたのです。

そして、しあわせになってはいけないと思う理由が、次の場面で明かされます。美津江が、「そのおかあさんも月末には亡うなってしまわれたけえど……。」と言うのは、親友の福村昭子の母親です。原爆が投下されたとき、美津江は福村昭子に手紙を出しに行こうとして、石灯籠にかばわれて生き残ったのです。その母親も原爆病が発病し、月末には亡くなっていました。

竹造は、「つまらん気休めいうようじゃが、昭子さんのおかやんは、そんとき、ちぃーっと気が迷うて、そよなことを……。」と言います。「そよなこと」というのは、その前に、その母親がひどく美津江にあたったことを指します。自分の娘が亡くなったのに、親友の美津江が生きているので、亡くなる前に、「なひてあんたが生きとるん」、「うちの子じゃのうて、あんたが生きとるんはなんでですか」と詰め寄られたので、竹造は、母親が気が迷って、そう言ったんだと説明します。

しかし、美津江は「（はげしく首を横に振って）うちが生きのこったんが不自然なんじゃ。」、「うち、生きとるんが申しわけのうてならん。」と言って、次のように話します。

（構わずつづける）うちの友だちはあらかたおらんようになってしもうたんです。防火用水槽に直立したまま亡うなった野口さん。くちべろが真っ黒にふくれ出てちょうど茄子《なすび》でもくわえているような格好で歩いとられたいう山本さん。卒業してじきに結婚した加藤さんはねんねんにお乳を含ませたまま息絶えた。加藤さんの乳房に顔を押しつけて泣いとったねんねんも、そのうちにこの世のことはなにも知らずあの世へ去《い》ってもうた。中央電話局に入った乙羽さんは、ピカに打たれて動けんようになってもうた後輩二人を両腕に抱いて、「私らはここを離れまいね」いうて励ましながら亡《の》うなったそうです。あれから三年たつのにまだ帰っとらん友だちもおってです。ほいて、おとったんもおる……!

この人たちはみな、女子専門学校の同級生たちでしょう。あのときに亡くなった友達がたくさんいて、あらかたもういなくなってしまった状況の中で、「生きとるんが申しわけのうてならん」ということになるのです。

父親との関係も、実は微妙でした。竹造が「わしとおまいのことなら、もうむかしに話がついとる。よう考えてみいや。」と言うと、美津江は「いんねの。あんときの広島では死ぬるんが自然で、生きのこるんが不自然なことやったんじゃ。そいじゃけえ、うちが生きとるんはおかしい。」と言います。竹造は納得していますけれども、美津江は納得していないわけです。

二人は、「死んだ者はそうよには考えとらん。現にこのわしにしても、なんもかんもちゃんと納得しとるけえ。」、「(さえぎって)うちゃあ生きとんのが申し訳のうてならん。じゃけんど死ぬ勇気もない《なー》です。」と対立します。美津江は、「そいじゃけえ、できるだけ静かに生きて、その機会がきたら、世間からはよう姿を消《きや》そう思うとります。おとったん、この三年は困難の三年じゃったです。なんとか生きてきたことだけでもほめてやってちょんだい。」と言って、父親に胸の内を明かします。美津江がなぜ、生きているのが申し訳ない、恋をしてはいけない、しあわせになってはいけないと思っているのか、そのあたりのことが明らかになってきました。

9　美津江が「うしろめとうて申し訳ない病」にかかった理由

第四場面は、翌日金曜日の午後六時です。木下は岩手県の出身ですが、井上ひさしの作品には、岩手県がよく出てきます。美津江は木下から、夏休みには一緒に岩手県に行かないかと誘われています。岩手県と言えば、宮沢賢治の故郷なので、宮沢賢治のことも出てきます。そして、竹造はこんなふうに言います。

　おまいは病気なんじゃ。病名もちゃんとあるど。生きのこってしもうて亡《の》うなった友だちに申し訳ない《なー》、生きとるんがうしろめたい《たー》いうて、そよにほたえるのが病状で、病名を「うしろめとうて申し訳ない《なー》病」ちゅうんじゃ。（鉛筆を折って、強い調子で）気持ちはようわかる。じゃが、おまいは生きとる、これからも生きにゃいけん。そいじゃけん、そよな病気は、はよう治さにゃいけんで。

竹造は、「うしろめとうて申し訳ない《なー》病」を治さなければいけないと説得します。しかし、美津江は、「（思い切って）うちがまっことほんまに申し訳ない《なー》思うとるんは、おとったんにたいしてなんよ。」と言うのです。実は、友達ではなく、父親に対して申し訳ないと思っていたというのです。美津江は、「もとより昭子さんらにも申し訳ない思うとる。じゃけんど、昭子さんらにたいしてえっと申し訳ない《なー》思うことで、うちは、自分のしよったことに蓋をかぶせとった。」と続けます。友達以上に彼女の心の傷になっているのが父親であることは、「……うちはおとったんを見捨てて逃げよったこすったれなんじゃ。」という会話でわかります。「こすったれ」はずるい人という意味です。原爆投下のときに父親を見捨てて逃げたずるい人間だと告白するのです。

そして、美津江は庭に飛び下りて、力まかせに地蔵の首を起こし、「おとったんはあんとき、顔におとろしい火傷《やけど》を負うて、このお地蔵さんとおんなじにささらもさらになっとってでした。そのおとったんをうちは見捨てて逃げよった。」と言います。美津江は、手紙を出しに行こうとしてピカッと光ったとき、石灯籠の陰に隠れて直接当たらなかったけれども、一緒に庭にいた竹造は火傷を負って、顔面が溶けて地蔵のようになったのです。

竹造が「その話の決着ならとうの昔についとるで。」と言うと、美津江は「うちもそよに思うとった。そいじゃけえ、今さっきまで、あんときのことはかけらも思い出しゃあせんかった。じゃけんど、今んがた、このお地蔵さんの顔を見てはっきり思い出したんじゃ。うちはおとったんを地獄よりひどい火の海に置き去りにして逃げた娘じゃ。そよな人間にしあわせになる資格はない《なー》……。」と訴えます。竹造と美津江は、お互いに、父親を見捨てて逃げなければ、娘は生きられなかったということを理解していたはずだったのです。でも、そのお地蔵さんの首を見て、ふと過去の記憶がよみがえって、火傷をした父親の顔と重なってしまったのです。あの日、一緒に家で被爆しましたが、父親を見捨てて、火の海に置き去りにしてしまったことを、ああしなければ生きられなかったと納得している。でも、冒頭で言うと、あのピカッと鳴る雷の光と音で原爆投下を思い出すように、焼けただれた地蔵の顔を見て、あのときの父親の顔を思い出してしまうのです。

竹造は「途方もない《とつけもなー》理屈じゃのう。」と否定しますが、美津江は「覚えとってですか、おとったん。はっと正気づくと、うちらの上に家がありよったんじゃ。なんや知らんが、どえらいことが起こっとる。はよう逃げにゃいけん。そがあ思うていごいご動《いご》いとるうちに、ええ具合《えーがい》に抜け出すことができた。じゃが、おとったんの方はよう動けん。仰向けざま《あぬけだま》に倒れて、首から下は、はしらじゃの梁《はり》じゃの横木じゃの、何十本もの材木に、ちゃちゃちゃらめちゃくそに組み敷かれとった。「おとったんを助けてつかあさい」、声をかぎりに叫《おら》んだが、だれもきてくれん。」と応じます。何が起こったかわからず、倒れてきた家の下敷きになって、竹造は逃げられなかったのです。

二人の会話は、「広島中、どこでもおんなじことが起こっとったんじゃけえのう。」、「鋸《のこ》もない《なー》、手斧《ちょうな》もない《なー》、木槌もない《なー》。材木を梃子《てこ》にして持ち上げよう思うたがいけん、生爪をはがしはがし掘ったがこれもいけん……。」、「ほんまにようがんばってくれたよのう。」、「そのうちに煙たい《けぶたー》臭いがしてきよった。気が付くと、うちらの髪の毛が眉毛《まひげ》がチリチリいうて燃えとる……。」、「わしをからだで庇《かば》うて、おまいは何度となく《のー》わしに取りついた火を消《きゃ》してくれたよのう。……ありがとありました。じゃが、そがあことをしとっちゃ共倒れじゃ。そいじゃけえ、わしは「おまいは逃げい!」いうた。おまいは「いやじゃ」いうて動かん。しばらくは「逃げい」「いやじゃ」の押し問答よのう。」と続きます。

そして、美津江は、「とうとうおとったんは「ちゃんぽんげで決めよう」いいだした。「わしはグー出すけえ、かならず《ぜっぴ》おまい勝てるぞ」いうてな。」と言います。「ちゃんぽんげ」はじゃんけんのことです。悲しみの中にも笑いがあるところです。「「いっぷく、でっぷく、ちゃんちゃんちゃぶろく、ぬっぱりきりりん、ちゃんぽんげ」（グーを出す）」は、じゃんけんをするときの言葉で、広島辺りの言い方でしょう。「（グーで応じながら）いつもの手じゃ」、「ちゃんぽんげ（グー）」、「（グー）見えすいた手じゃ。」と、親子の最後の別れの場面はこのようでした。

10「自作を解説するぐらいバカバカしい仕事はない」

しあわせになってはいけないという、その原点に、父親と娘の悲しい別れの場面があって、それを思い出したくないと思っていたことがわかります。納得していると思っていましたけれども、何かの折にふっと心の底からわき上がってきてしまうのです。そのことを知っているので、竹造は娘のときめきで胴体ができ、ためいきで手足ができ、ねがいで心臓ができ、肉体を持って彼女の前に現れ、押入れの上段で見守りつづけたのです。恋の応援団長をして、娘の背中を押し、前に押し出してあげなければいけないと思ったのです。

竹造は、最後のところで、「おまいが生きのこったんもわしが死によったんも、双方納得ずくじゃった。」と言います。決して美津江のせいではないと言い聞かせるわけです。これなんか、口寄せのイタコの言葉のようです。宮城県だとオガミンと言うのですけれど、口寄せを聞いていると、こんな感じです。依頼主が「どうだった」って聞くと、オガミンは弓を打ちながら、「あのときはずいぶん看病してもらってありがたかった」と語ると、依頼主はもう涙ながらに、「そう」と答えるわけです。「今はどう」って聞くと、「いやあ、今はもう心穏やかだから、心配ない」と話します。死んでいる者と生きている者が話せる感覚というのが、長い間、東北地方にはあり続けてきたのです。

解説を読むと、この『父と暮せば』は、夢幻能のようだとあります。世阿弥が夢幻能という能の形式を創りました。旅の僧がゆかりの場所へ行き、ここはどういう場所なのかと聞くと、武将の誰々が亡くなった場所で、これこれこういう状況だったと語ります。ずいぶんよく知っているなと思うと、その人はふっと姿を消し、その後武士の幽霊が現れて、地獄に落ちてもだえ苦しんでいる有様を演じて、夜明けとともに消えてゆくという形式です。夢幻能も、生きている者と死んだ者が出会うシステムを能が確立したものですが、世阿弥の能から口寄せができたのではなく、反対でしょうね。口寄せのような文化があって、そこに世阿弥が注目して、夢幻能というスタイルを確立したのだろうと思います。それによって、宗教の場ではなく、劇場の演劇空間の中に、生きている者と死んだ者が出会う世界を創ったのです。

竹造は、最後に、「おまいはわしによって生かされとる。」と言いました。そして、「あよなむごい別れがまこと何万もあったちゅうことを覚えてもろうために生かされとるんじゃ。」と言います。つまり、竹造と美津江のようなむごい、悲しい親子の別れは、広島にはいくつもあったというのです。長崎でもそうですし、今回の東日本大震災でもやはりそうですよね。いろいろな悲劇を忘れないために、生かされているのです。

さらに、「おまいの勤めとる図書館もそよなことを伝えるところじゃないんか。」とも言います。図書館というのは、そういうむごい別れがあったことを後の時代に伝えるシステムであり、資料を保存して後世に伝えてゆく場所ではないのかと言います。今、図書館はそのように機能しているでしょうか。

井上ひさしは、毎年広島へ行ったようですけれども、広島へ行くと、図書館へ行って、被爆者の手記を読み、手帖に丁寧に書き残していったそうです。ですから、美津江が図書館で働いているということも、この作品の中では一つの意味を持つことになります。彼女が昔話研究会で昔話を集めて、就職の際には図書館に勤めるという選択をしたのだということになります。

最後は、

美津江　こんどいつきてくれんさるの？

竹　造　おまい次第じゃ。

美津江　（ひさしぶりの笑顔で）しばらく会えんかもしれんね。

竹　造　……

竹　造　こりゃいけん、薪《まき》をつぐんを忘れとった。

美津江　おとったん、ありがとありました。

と終わります。この四日間ぐらい、幽霊になって現れて来てくれた父親が、恋の応援団長として背中を押してくれ、一歩踏み出すことができたのだろうと想像されるかたちで、この劇は終わります。

井上ひさしは、「劇場の機知——あとがきに代えて」で、こんなことを言っています。

ここに原子爆弾によってすべての身寄りを失った若い女性がいて、亡くなった人たちにたいして、「自分だけが生き残って申しわけがない。ましてや自分がしあわせになったりしては、ますます申しわけがない」と考えている。このように、自分に恋を禁じていた彼女が、あるとき、ふっと恋におちてしまう。この瞬間から、彼女は、「しあわせになってはいけない」と自分をいましめる娘と、「この恋を成就させることで、しあわせになりたい」と願う娘とに、真っ二つに分裂してしまいます。

……ここまでなら、小説にも詩にもなりますが、戯曲にするには、ここで劇場の機知に登場してもらわなくてはなりません。

ここに、彼の演劇の作り方が出てきます。この作品の方法について、「そこで、じつによく知られた「一人二役」という手法に助けてもらうことにしました。美津江を「いましめる娘」と「願う娘」にまず分ける。そして対立させてドラマをつくる。しかし一人の女優さんが演じ分けるのはたいへんですから、亡くなった者たちの代表として、彼女の父親に、「願う娘」を演じてもらおうと思いつきました。

べつに云えば、「娘のしあわせを願う父」は、美津江のこころの中の幻なのです。」と述べます。美津江の中にある二つの心のうちの一つを父親が代弁して、どうしたらいいか迷っているときの選択の手助けをするのです。これについて井上は、「自作を解説するぐらいバカバカしい仕事はないのです」と自嘲的です。本当は種明かししたくないけれども、これを書いたのです。作家が自分の作品について解説をすると、私たちはそれによって話をしたくなるということがあるので、そんなことを念頭に置いて考えてくださるのがいいと思います。

冒頭の「前口上」で、「おそらく私の一生は、ヒロシマとナガサキとを書きおえたときに終わるだろう」と述べていました。まだ書き終えていないという思いのままに亡くなったように思いますが、仕方がありません。前の、宮沢賢治の「思い残し切符」という問題で言えば、井上ひさしの「思い残し切符」を、私たちは受け取る必要があるでしょう。では、事務局の方で映像を映す用意をしてくれましたので、井上ひさしを偲んだ番組を見て、今日の結びにしたいと思います。

（二〇一七年七月一九日、小金井市いきいき活動講座「昭和の劇作家井上ひさしの世界⑥」講演）

付記

最後にお話しした宮沢賢治の「思い残し切符」については、石井正己「宮沢賢治と井上ひさし」岩手大学宮澤賢治センター編『賢治学　第五輯』（東海大学出版部、二〇一八年）を参照してください。

現行教科書と昔話

1　学習指導要領の「伝統的な言語文化に関する事項」

私の勤めております東京学芸大学は、教員を養成する大学で、卒業生は小学校を中心に、中学校・高等学校など、東京都のみならず、全国に出ていって活躍しています。私の担当教科は国語ですけれども、そんな関係もあって、教科書に関する研究をずいぶんしてまいりました。

この一〇年ぐらいは、日本が植民地にしていた時代、台湾・朝鮮半島・南洋群島、満洲は傀儡国家ですけれども、満洲を支配して日本語教科書を作り、一方では移民として日本人が働きに行った時代、ハワイ・アメリカ・ブラジルで日本語教科書を作り、それらの中にはたくさん昔話が出てきます。大学院生とデーターベースを作って、どういう教材が採られているか、昔話や神話はどうなっているかを調べて、そのようすがわかるようになりました。

植民地では、日本語を母語としない人たちに日本語を教えることを強制してきました。一方で移民の場合には、日本人の子供たちが日本を知りませんので、二世や三世たちに故郷の日本を教えました。それぞれの地域で日本語の教科書を作って、昔話を教えてきた歴史があります。それから七〇年以上が経って、今日になるわけです。

そうした流れもあって、今日は教科書と昔話についてお話し申し上げることにしました。戦前・戦中の国定教科書に載る昔話のお話をしようかとも思いましたが、そのことは今度出す本で書きますので、そうではなくて、今、子供たちが勉強している教科書を扱うことにしました。ここにおいでの皆様の中には、お子様やお孫様が小学校へ通って、やっと二学期が始まったと思われている方もあると思いますが、子供たちがどんな昔話を勉強しているのかをお話しします。ご家庭で「どんな昔話勉強してるの?」という会話が生まれれば、今日のお話は成功だったということになろうかと思います。

ちょうど東日本震災があった年の四月から、小学校の教科書が大きく変わりました。今からちょうど六年半前です。学習指導要領の中に「伝統的な言語文化に関する事項」が入れられ、それに従った教科書が一斉に使われはじめました。この「伝統的な言語文化」というのは、簡単に言うと古典のことで、小学校段階から古典を教えることになりました。ですから、教科書の中には、『枕草子』の「春はあけぼの」、『徒然草』の「つれづれなるままに」、『平家物語』の「祇園精舎の鐘の声」が出てきます。中学校で習ったという思い出があると思いますが、今は小学校段階で学ぶようになっています。その他にも、『百人一首』、芭蕉・蕪村・一茶の俳句、狂言や落語などを勉強して、日本の伝統的な文化に親しむ教育が始まったわけです。

そこには、国際化・情報化が急速に進む中で、日本のよき伝統が忘れられがちであるという危機感があるのでしょう。確かに、私たちの生活はどんどん変わっています。日本国内を旅するよりは海外に行った方が安くて、例えば、京都へ行くよりはソウルへ行く方が安いということが、現実にあるわけです。人々の目は海外に向いています。

観光が国際化していて、今、日本に二〇〇〇万人を超える外国人観光客が訪れている。ですから、東京の町を歩けば、あちらこちらに外国人の姿が見えます。東京オリンピックのときには四〇〇〇万人にしようという、とてつもない目標が出ていますけれども、大きな国際化の中にあるわけです。

それと同時に、情報化があります。電車に乗れば、だいたい一〇人のうち八人はスマホをしている。ゲームをしているのかわかりませんけれども、それが現状です。先月も韓国に行きましたけれども、韓国の地下鉄に乗ると、やっぱり一〇人のうち八人はスマホをしていましたから、これは日本のみならず世界的な傾向だと思います。

そういう国際化・情報化の流れの中で、これまでの伝統的な暮らしや考え方が急速に失われているという危機感があるのだろうと思います。その中で、愛国心を育てたいという政策が頭を持ち上げてきます。グローバリズムが進んでゆくと、一方でナショナリズムが頭を持ち上げて、国を愛する心を大事にしようということになる。これは日本だけのことではないと思います。

2　「神話」が教科書に入ったことの意味を考える

この「伝統的な言語文化に関する事項」が入って、国語科の学習指導要領の小学校一、二年生、低学年には、「昔話や神話・伝承などの本や文章の読み聞かせを聞いたり，発表し合ったりすること」という一条が入りました。「昔話」「神話」「伝承」が並びますが、私どものような民俗学を勉強してきた人間にとっては、「昔話」「神話」に並べるならば、「伝説」の方がぴったり来ます。「伝承」というのは広い概念で、「昔話」「神話」を包括するものです。どうも学習指導要領を作っている先生方は民俗学を勉強していないようで（笑い）、非常に困った使い方になっています。

しかも、「本や文章の読み聞かせをするとあります。「読み聞かせを聞いたり，発表し合ったりする」のは児童でしょうが、「読み聞かせ」は誰がするのかは明示されていません、まず第一には先生方がするのでしょうが、友達がする、自分でも読んでみるとしてもいいわけです。非常に曖昧ですが、それでも学習指導要領は成り立ってしまうのです。そのため、「昔話」「神話」「伝承」が入っていないと教科書の検定に通らないことになります。私もかつて高等学校の教科書を作りましたけれども、検定を通るためには、学習指導要領の項目を一つ一つチェックしていって、すべて網羅されていることを確認します。

この中で一番問題なのは「神話」が明記されたことです。なぜかというと、一九四五年（昭和二〇年）までは、国定教科書の中に神話がしきりに入っていたからです。一九四一年（昭和一六年）、太平洋戦争の頃の教科書には、『古事記』からたくさんの神話が採り入れられています。それは最終的には、神々の子孫が神武天皇であり、さらに今上天皇の先祖であるという文脈の中にあります。天皇家の由来として神話はありました。

そういったことはいけないというアメリカの指導もあって、戦後の教育では、神話教育はタブーだったわけです。神話を教えることは昔のように戻ってしまうから、いけないことだと考えました。学校の現場では、神話を教えることに対する拒絶感が強かったのです。確かにそれは、戦後の反省として大事なことだろうと思います。そういう歴史の中で、今、大学生に聞くと、「因幡《いなば》の白兎《しろうさぎ》」を知らない学生がけっこういます。半分ぐらいは知っている、名前ぐらいは知っている、いろいろありますけれども、不確かです。「八岐《やまた》の大蛇《おろち》」はもっと知りません。それは当然かもしれません。戦後の教育の中で、今の大学生ぐらいまでは神話を勉強していませんから、神話を知らないのは当たり前です。ご家庭で熱心に絵本を読み聞かせたり、本人が興味を持ったりすれば、知ることがありますけれども、そうでなければ知らない。

教科書というのは、国民の教養を作る上で非常に重要な装置ですから、どんな作品が入っているかは大事です。太宰治《だざいおさむ》の『走れメロス』（一九四〇年）は、日本人なら誰でも知っているし、夏目漱石の『こゝろ』（一九一四年）は、誰でも知っています。それは、これらが長く教科書に入っている定番教材であるからで、その結果、国民の教養になっているわけです。

神話は教科書の中に入ってこなかったわけですけれども、二〇一一年（平成二三年）から、神話を入れないと教科書は検定を通らなくなりました。その結果、一、二年生の教科書の中には神話が必ず入っています。採択状況を見ると、最も人気があるのが「因幡の白兎」であり、「八岐の大蛇」でした。この二つの神話は、戦前・戦中の国定教科書でも大変人気のあった教材でした。実は、そうした神話が七

○年経って復活してきて、今、教室で教えられているのです。

二〇一五年（平成二七年）度の一番新しい教科書で、小学校国語教科書の神話と昔話を一覧表にしてみました（末尾の「現行教科書神話・昔話教材一覧」参照）。現在、小学校の教科書を出している会社は五社あります。光村図書、教育出版、学校図書、東京書籍、三省堂です。公立学校であれば、これらの教科書から自治体の教育委員が選んで、地域で同じ教科書を採択します。検定ですから、国で一つの教科書というのではなく、検定を通った教科書から選ぶのです。

例えば、「いなばの白うさぎ」は光村図書の『こくご　二上』に入っていて、これは『ぐりとぐら』の中川《なかがわ》李枝子《りえこ》さんの再話です。教育出版では、『小学国語　2下』に「いなばのしろうさぎ」が作家の福永武彦《ふくながたけひこ》の再話で入っています。学校図書では、『こくご　二年上』に「ヤマタノオロチ」が木坂涼《きさかりょう》さんの再話を採っています。この一社だけが「八岐の大蛇」です。東京書籍では、『新しい国語　二上』に川村《かわむら》たかしさんの「いなばの白うさぎ」の再話が入っています。三省堂では、『しょうがくせいのこくご　1年下』に児童文学作家の宮川《みやかわ》ひろさんの「いなばの白ウサギ」の再話です。

そうしますと、学校図書は「八岐の大蛇」ですが、他は「因幡の白兎」を作家たちが一、二年生の子供たちにふさわしいように書き直して、入門期の古典としていることがわかります。従って、今、中学生になっている子供たちは、既にこのような教科書で学習していますから、八割ぐらいの日本人の子供は「因幡の白兎」を知っていることになります。つまり、国民的な教養になっているということです。

しかし、問題なのは、今の教師は自分が小学生の時に神話を学んでいません。さらに言えば、教師になるときに、国語科教育で勉強する教材研究の中に神話はありません。今まで経験のなかった神話を教えることに、今もなおとまどっています。しかも、注意しなければならないのは、七〇年近く神話を教えてはいけないとしてきたのに、神話は教えなければいけなくなり、価値観ががらりと変わったことです。教育というのは、ときにそのくらいぶれることがあります。私たちはそういうことを繰り返してきて、そのゆらぎの中に子供たちは置かれています。しかし、教育はその責任を取りません。

例えば、ゆとり教育がありました。こんなにあくせく勉強し働くのではなく、ゆとりが大事だと言って、ゆとり教育が行われました。しかし、始めてみたら、今度は、ゆとりではだめだ、基礎学力が身につかないということになりました。ゆとり教育の子供時代を生きた学生たちに、「国を訴えなさい、私たちの人生を返して」と（笑い）言います。子供たちは実験のモルモットではないわけですから、その人生に対して、国や教育者はきちんと責任を持たなければいけないはずです。あの政策は失敗だったとは言いませんけれども、そのときの教育に対する責任を持って、子供たちの人生を考える必要があります。ある時期だけではなく、その後の人生まで含めて考えるのは国の責任だと思います。

3　「桃太郎」がたどった歴史とコマーシャル

二週間ほど前に、『朝日新聞』の夕刊（二〇一七年九月六日）で「桃太郎」の記事を取り上げてくれましたので、お読みくださった方があると思います。今ここに持ってきましたけれども、けっこうきれいな写真が載りました。私の家にある「桃太郎」の双六や絵本を持っていって、朝日新聞社の記者がまとめてくれました。「桃太郎」は注意すべき昔話の一つです。

明治に入ってから教科書の中で「桃太郎」がしきりに取り扱われました。唱歌の「桃太郎」を引いてみましょう。「桃太郎さん〳〵、お腰につけた黍団子《きびだんご》、一つわたしに下さいな。」と始まる歌です。そのあとは何でしょうか。「あげましょう」ですか、「やりましょう」ですか。「あげましょう」と覚えている方があるかと思いますが、一九一一年（明治四四年）の『尋常小学唱歌　第一学年用』（国定教科書共同販売所）では、「やりませう」です。「あげる」は敬語ですから、犬・猿・雉に敬語を使うことは考えられません。百年前の人が「あげる」と歌ったら、転んでしまうと思います（笑い）。この百年の間に、黍団子は「やる」から「あげる」に変わってしまったのです。

そこにはたぶん、動物と人間の関係が変わったことがあるはずです。私の家でも、昔、庭で犬を飼っていました。番犬で飼ったのか、好きで飼ったのか、犬小屋で飼っていました。その犬にはペットフードを買ってくるわけではなく、食べ残しを与えていたと思います。しかし、今や犬は小型化して、家の中でペットとして大事にされています。ときには人間よりも高い物を食べているかもしれません。運動不足による肥満など、いろいろな問題が起こっています。「一緒のお墓に入りたい」と言う人もいて、ペット葬まで行われるわけですから、もう家族です。そうなったら「やる」とは言えないわけです。でも、かつては「やりませう〳〵」と言ったのです。桃太郎と犬・猿・雉が黍団子を仲立ちに主従関係を結び、鬼が島に鬼退治に行って、「分捕物をえんやらや」と帰って来るわけです。あの歌は一番から六番まであります。

ちょうど日露戦争が終わった頃で、日本が大国になってゆく時期の歌です。桃太郎の誕生の場面はなく、いきなり犬・猿・雉と主従関係を結び、鬼が島に行って鬼退治をして勇ましく帰って来ます。あの歌には、戦勝国になった日本の雰囲気が影を落としているはずです。その後、太平洋戦争に進み、この国はさらに軍国主義化し、それに伴って、鬼が島の鬼退治をする桃太郎は日本の植民地侵略の英雄になってゆきます。太平洋戦争のときに作られた教科書の「桃太郎」の挿絵では、鬼が島から帰って来る桃太郎の扇には桃が描かれていますが、桃太郎を迎えるお爺さんとお婆さんが振る旗は日の丸です。戦地から帰って来る兵隊さんを迎える国民と、鬼が島から帰って来る桃太郎を迎えるお爺さんお婆さんが重ねられ、日の丸で迎えるのです。

そういう「桃太郎」が戦後の教科書から姿を消したのは当然です。「桃太郎」は教科書から消えましたけれども、やはり大変人気があって、日本の昔話と言えば、「桃太郎」というイメージは今日まで続きます。そういう中で、福音館書店の松居《まつい》直《ただし》さんは、「桃太郎」の絵本を軍国主義の英雄から変えなければいけないと考えました。一九六〇年代に出て、一番よく読まれているのは福音館書店の絵本『ももたろう』です。そこでは、「宝物はいらない」と言って、分捕物をしない桃太郎が描かれています。その代わりに、桃太郎は鬼が奪った女性を連れ帰ってお嫁さんにするという、通常のストーリーにはない展開になっています。松居直さんがはっきり言っているように、この桃太郎は、新しい時代の平和主義者です。桃太郎は、軍国主義の英雄から平和主義を象徴する人物に変えられて、今日まで来ていることになります。

さらに今、ａｕのコマーシャルが毎週のように変わっていて、乙姫や織姫も出て来たので、これからどうなるのだろうと注目しています。しかも乙姫や織姫が非常に強くて、男性たちはみんなひれ伏している感じで、それは現代の社会を象徴するのかもしれません。ああいうコマーシャルは、「浦島太郎」「桃太郎」「金太郎」が国民的な教養になっていることが前提になっています。外国人が見ても何がおもしろいのだろうと思うにちがいありません。あの展開をおもしろいと思わせて、そして最後は、「一緒になって家族割」とか（笑い）、ちゃんとａｕの商売になっているわけです。他にもコマーシャルの中に桃太郎はしきりに登場し、非常になじみが深いということもあるはずです。たぶん、これからもこの伝統は続くと思います。

4　絵解きによる昔話の教材と改良の必要性

光村図書の「むかしばなしがいっぱい」が『こくご　一下』にカラーで載っています。一年下ですから、今頃、先生が、「この絵を見て、昔話はいくつあるかな」という授業をしているはずです。この中には一九話の昔話がありますが、いくつ探せますか。絵解きですから、なかなか難しいですね。ちょっと見てゆきましょう。

右下には竹の中に女の子がいますから、「かぐや姫」、古典で言うと『竹取物語』です。その上に土俵で相撲をしていますので、「鼠の相撲」。その左側に猿と蟹がいて、柿の種とおむすびを交換していますので、「猿蟹合戦」です。右上に亀と漁師がいますので、「浦島太郎」です。上には、犬と猿と雉がいま

「むかしばなしがいっぱい」(『こくご　一下』光村図書、2015年)

すので、「桃太郎」です。

そして中央は、「力太郎」でしょうかね。その後ろに「金太郎」が左側に出ています。その後ろに鳥の鳴き声を聴いている人がいて、これは「聴耳頭巾」でしょう。川には、桃ではなく、瓜が流れているので、「瓜子姫」です。そして、橋のところに「わらしべ長者」が出てきます。

上の方の真ん中に鶴が飛んでいますから、「鶴の恩返し」です。左上に地蔵様が六人並んで、涙を流しているお爺さんがいますので、「笠地蔵」。遠眼鏡で見ている人に天狗が蓑《みの》を出しているので、「天狗の隠れ蓑」でしょう。左上に、雪が降っている中に女性がいますので、「雪女」でしょうか。

その下に、かちかちと狸に火をつけているので、「かちかち山」です。その右に、家の中に寝転ぶ人がいるので、「ものぐさ太郎」か「三年寝太郎」です。その左に「花咲か爺」がいて、綱渡りしている狸がいるので、「文福茶釜」。左下に「舌切り雀」が出てきます。

子供たちは、昔話のポイントを理解していないと、この絵は読み解けませんので、結構な重圧になるのではないかと思います。今はもう細かな説明はしませんけれども、先生は絵解きをしていかなければいけません。子供たちにとっても重圧でしょうけれども、先生にとっても大変です。例えば、「何で瓜が流れてくるの？」と聞かれれば、先生はそれを説明しなければなりませんから、「瓜子姫」を勉強する必要があります。「「桃太郎」じゃないの、「桃太郎」の女の子版よ」と言えばいいのかもしれませんけれども（笑い）、それでは不十分です。この一枚の絵の中に日本の昔話が豊かに描かれていますが、やや説明が大変な昔話も入っています。

河出書房新社から出した『ビジュアル版　日本の昔話百科』のカバーに使った絵は、たばこと塩の博物館の所蔵だったと思いますが、そこにある「昔はなし一覧図会」は江戸時代のものです。江戸時代にも、昔話が一枚の浮世絵に入っている物があるのです。来年（二〇一八年）で明治になって一五〇年ですが、それ以前にこういうアイデアがあったのです。教科書を編集している先生方がそれを知っているかどうかはわかりませんけれども、それを現代版に置き換えて、かわいらしい主人公たちにしています。こういう一枚の絵が読み解ければ、日本にたくさんの昔話があることがわかります。しかし、子供たちが関心を持つようになるには、小学校の先生方の教養が問われることになります。

例えば、「「瓜子姫」ってどんなお話なのか、調べてみましょう」という課題を出してもいいでしょう。

「おはなしのくに」（『小学国語　1上　教師用指導書』教育出版、2015年）

「『瓜子姫』はどんなお話か、みんなに紹介してみましょう」という指示もできるでしょう。先生方が一方的に説明するのではなく、「図書館に行って、知らない昔話を調べてみましょう、絵本を借りてきましょう」と発展させてはどうでしょう。学校の図書館に昔話絵本が揃っていれば一番いいのですけれども、だめなら公立の図書館に行って借りてきて、一年生ですから、うまく読めなければ、お父さん・お母さんに読んでもらってもいいでしょう。この教材から、自分で昔話に親しんでゆくきっかけが生まれればすばらしいと思います。

実は、同じような手法は他の教科書会社でも採っています。東京書籍の『新しい国語　一下』には、「むかしばなしをたのしもう」という教材があります。これも一枚の絵になっていて、そこにやはり一五話くらいの昔話が入っています。絵解きをしてゆくような教材があるのです。

また、教育出版の『小学国語　1上』には「おはなしのくに」があります。その中には日本の昔話八話載っています。おもしろいのは、「おはなしのくに」は二点の絵があって、日本の昔話だけでなく、別に世界の昔話も八話入っているのです。「うさぎとかめ」「はだかの王様」「ジャックと豆の木」「三びきのやぎのがらがらどん」「おおきなかぶ」「ブレーメンの音楽隊」「金のがちょう」「ヘンゼルとグレーテル」が入っています。日本の昔話の他に、ヨーロッパの昔話を中心とした世界の昔話が入っていて、昔話は日本のみならず、世界にもたくさんあることがわかります。この教科書で勉強した子供は、『イソップ童話集』『グリム童話集』を含めて、世界の昔話に目が開かれてゆくきっかけをつかむことができるはずです。これはとても大事なことです。

しかし、先ほど言いましたように、学習指導要領では、「伝統的な言語文化」といっても、伝統とはわが国の伝統だけを意味します。学習指導要領が想定しているのは、日本の昔話だったはずです。でも、教科書会社によっては、昔話は日本だけではなく、世界にあることに注目させてくれているのはとても大切です。伝統というのは、日本だけではなく、それぞれの国にあるわけですから、グローバル化の時代を考えれば、むしろ、それぞれの国の伝統を理解することが重要です。ですから、学習指導要領の読み替えかもしれませんけれども、そういった広がりのある教科書を評価したいと思います。

こうして見ると、三つの教科書の、絵解きをしながら昔話を楽しむという仕掛けは同じです。中には世界の昔話が入っている教材もありました。しかし、ヨーロッパの昔話だけでなく、韓国や中国などアジアの昔話も入れてくれたらいいのにと思います。そして、日本で言えば、沖縄・アイヌの独特な昔話を入れてもいいでしょう。残念ながら、アジアの昔話や沖縄・アイヌの昔話は入っていないのが現状ですから、まだまだ改良の必要があります。

5 「おおきなかぶ」の採択と光村図書の特殊性

今、世界の昔話についてお話をしましたが、五つの教科書会社が全部採っている昔話は「おおきなかぶ」です。光村図書は一上で「おおきなかぶ（ろしあのみんわ）」で、これは後で触れます。教育出版も1上に「おおきなかぶ（ろしあのおはなし　うちだりさこ・やく）」、学校図書も一年上に「おおきなかぶ（うちだりさこ・やく　さとうちゅうりょう・え）」、東京書籍も一上に「おおきなかぶ（うちだりさこ・やく　さとうちゅうりょう・え）」、三省堂も1年上に「おおきなかぶ（うちだりさこ・やく　おおたおいはち・え）」とあります。ですから、「おおきなかぶ」はいわゆる定番教材になっています。『走れメロス』が必ず中学の教科書に入り、『こゝろ』が必ず高等学校の教科書に入っているように、小学一年生の教科書には「おおきなかぶ」が必ず入っているのです。

画家が変わっていますが、「おおきなかぶ」は全ての教科書で採られているわけです。そうすると、日本の子供たちは百パーセント「おおきなかぶ」を勉強していることになります。しかも、一年生の上ですから、小学校に入学してまもなく勉強するのです。ただし、これはロシアの民話ですから、わが国

の「伝統的な言語文化」からは外れることになります。でも、このロシアの民話を必ず教科書が採っているのには理由があります。先生方も、この「おおきなかぶ」は一年生の入門期に非常にやりやすいという印象を持っています。なぜやりやすいかは、後でお話しします。

　ここに持ってきましたけれども、内田莉莎子《うちだりさこ》訳／佐《さ》藤忠良《とうちゅうりょう》画の『おおきなかぶ』の表紙の絵は、かぶが抜けて、お祖父さん・お祖母さん・孫娘が担いで、犬・猫・鼠がついてくる場面です。これは、「おおきなかぶ」の最後の場面です。最後の場面だということは、全体のストーリーを知らないとわかりませんので、これも謎解きになっています。そして何よりも、この絵本は横長の形態が実に上手に使われています。しかし、残念ながら、教科書は縦長ですから、大判になっていても、横長の空間はうまく使えません。ページも限定されていますので、どうしてもこの絵本のよさは消えてしまいます。

最初は「おじいさんが　かぶを　うえました。」から始まります。「うえました」というのがわかりにくいので、「おじいさんが　かぶのたねを　まきました。」と変えられている教科書もあります。

ロシアの民話を長く研究している齋藤《さいとう》君子《きみこ》さんがこの民話について解説していますので、以下、それを参考にしながらお話ししてみます。「おおきなかぶ」の「かぶ」は、ロシア語では単数形で書かれているそうです。かぶの種は、最後に残されたかぶであったと読まなければなりません。そして、かぶには愛称の言葉がついていて、それは東北の「馬っこ」「わらしこ」の「こ」という接尾語にあたるそうです。日本の昔話ふうに言えば、かぶっこという言い方になります。ですから、単数形で示されたかぶは、非常に大事にしてきた最後の一粒のかぶの種で、それを祈りを込めて植えたと考えなければならないことになります。しかし、翻訳の問題だけでなく、飽食の時代を生きている子供たちには、「おじいさんが　かぶを　うえました。」という一文に切実な気持ちを読むことはなかなか難しいかもしれません。

次の、「あまい　あまい　かぶになれ。おおきな　おおきな　かぶになれ」は、祈りの言葉です。その言葉に促されたように、「あまい　げんきのよい　とてつもなく　おおきい　かぶが　できました。」となって、かぶは巨大な大きさに急成長します。こうしたところには、横長の絵本の形態が上手に使われています。

そして、「おじいさんは　かぶを　ぬこうと　しました。うんとこしょ　どっこいしょ　ところが

かぶは　ぬけません。」と続きます。「うんとこしょ　どっこいしょ」は、我々ぐらいの年になるとよく使うかも（笑い）しれませんが、ロシア語の原文には、この掛け声はなく、内田さんの工夫だと言われています。唱歌の「桃太郎」の「えんやらや」ではありませんが、こういう言葉が一つのリズムを作っていきます。しかし、かぶは抜けないので、「おじいさんは　おばあさんを　よんできました。おばあさんが　おじいさんを　ひっぱって、おじいさんが　かぶを　ひっぱって――うんとこしょ　どっこいしょ　それでも　かぶは　ぬけません。」となります。

ところが、光村図書の「おおきなかぶ」は違います。挿絵はかぶの種を一粒播く感じではありません。そして、内田莉莎子さんの翻訳と違うところがあります。

おじいさんが、かぶの　たねを　まきました。「あまい　あまい　かぶに　なれ。おおきな　おおきな　かぶに　なれ。」あまい　あまい、おおきな　おおきな　かぶに　なりました。おじいさんは、かぶを　ぬこうと　しました。「うんとこしょ、どっこいしょ。」けれども、かぶは　ぬけません。おじいさんは、おばあさんを　よんで　きました。かぶを　おじいさんが　ひっぱって、おじいさんを　おばあさんが　ひっぱって、「うんとこしょ、どっこいしょ。」それでも、かぶは　ぬけません。

どこが違うか、気がついた方がいらっしゃいますね。お祖母さんを連れて来てかぶを抜くときの、登場人物の順番が違うのです。内田さんの翻訳では、お祖母さんがお祖父さんを引っ張り、お祖父さんがかぶを引っ張って、「それでも、かぶは　ぬけません」となります。ところが、光村図書は内田さんの翻訳を使っていませんので、「おじいさんは、おばあさんを　よんで　きました。かぶを　おじいさんが　ひっぱって、おじいさんを　おばあさんが　ひっぱって、「うんとこしょ、どっこいしょ。」それでも、かぶは　ぬけません。」です。さあ、どちらがいいでしょう。

この後の内田さんの翻訳は、こうなります。

おばあさんは　まごを　よんできました。まごが　おばあさんを　ひっぱって、おばあさんが　おじいさんを　ひっぱって、おじいさんが　かぶを　ひっぱって——「うんとこしょ　どっこしょ」まだ　まだ　かぶは　ぬけません。

孫を呼んでくると、孫がお祖母さんを引っ張り、お祖母さんがお祖父さんを引っ張り、お祖父さんがかぶを引っ張るという順番です。ところが、光村図書ではこうなっています。

おばあさんは、まごを　よんで　きました。かぶを　おじいさんが　ひっぱって、おじいさんを　おばあさんが　ひっぱって、おばあさんを　まごが　ひっぱって、「うんとこしょ、どっこいしょ。」やっぱり、かぶは　ぬけません。

光村図書のものでは、順番が逆になっているのです。同じ「おおきなかぶ」と言いながら、光村図書で学んだ子供たちはそこが違うことになります。

6 「おおきなかぶ」の類話と発生から考える教育

この「おおきなかぶ」は、昔話研究で言えば累積昔話です。お祖父さん、お祖母さん、孫娘と増えますが、増えてゆくのがおもしろいわけです。子供たちは、引っ張っても抜けなければ、次は何が出てくるんだろうと想像します。「猫の手も借りたい」という諺《ことわざ》がありますけれども、昔話では犬と人間の境界はありませんから、孫は犬を連れてきます。そして、犬は猫を連れて来て、猫は鼠を呼んで来ることになります。

この累積昔話では、お祖父さん、お祖母さん、孫娘、犬、猫、鼠というふうに、大きいところから小さいところに動いてゆきます。子供たちは、ある程度進んでくると、その原理に気づくはずです。そのときの重要なイメージは、だんだん小さくなることです。ですから、途中で牛を連れて来たら、語りの形式は崩れてしまうことになります。この昔話では、そういう語りの原則がよく計算されていることがわかります。

光村図書では、累積が膨らんでゆくと、こうなります。

ねこは、ねずみを　よんで　きました。かぶを　おじいさんが　ひっぱって、おじいさんを　おばあさんが　ひっぱって、おばあさんを　まごが　ひっぱって、まごを　いぬが　ひっぱって、いぬを　ねこが　ひっぱって、ねこを　ねずみが　ひっぱって、「うんとこしょ、どっこいしょ。」とうとう、かぶは　ぬけました。

齋藤君子さんの見解では、昔話の語りのおもしろさは、この光村図書では出ないことになります。内田さんの翻訳のほうが、語りの原則にぴったり合っていると言います。昔話研究をしている齋藤君子説をとると、光村図書がこの翻訳を採ったのは失敗だということになるわけです。

我々は合理的な考え方をして、お祖父さんがかぶを引っ張るのをお祖母さんが手伝い、お婆さんを孫娘が手伝い、孫娘を犬が手伝い、犬を猫が手伝い、猫を鼠が引っ張る、と考えます。でも、手伝いに来たところから遡って、最後はかぶに行きつき、それでもかぶは抜けないというほうが、反復と膨張がうまくいっているはずです。

同じ「おおきなかぶ」でも教科書によって違うことになります。光村図書の教科書はよく採択されていますから、すごく耳の良い子は、「先生、ぼくの知っている「おおきなかぶ」と違う」という意見が出るにちがいありません。「どこが違うの?」「どっちがいいのでしょう」「なぜいいと思うのですか」という議論ができれば、授業は成功でしょう。それによって、昔話の語りの方法ということに気づけばいいと思います。

ここまで来ましたから、「おおきなかぶ」の話を先にしてしまいましょう。齋藤君子さんは、「おおきなかぶ」を検討して、六つのことを取り上げています。その中の一つに、オンチュコーフが編纂した『北方の昔話』に収められた原話を紹介しますが、それは次のような語りになっています。

じっちゃと、ばっちゃがかぶのたねを一つぶ、にわにうえた。「おーきくなあれ、おーきくなあれ。かぶよ、おおきくなって、あまいかぶになあれ!」じっちゃはかぶをぬきにいった。じっちゃはかぶをつかんで、ひっぱった。ひーても、ひーても、びくともしない! かぶはどっしり根をはり、びくともしない。ばっちゃがでてきて、ばっちゃがじっちゃを、じっちゃがかぶをつかんで、ひっぱった。ひーても、ひーても、びくともしない! このあと孫息子、孫娘を呼び、一列につながって四人でかぶをひっぱるが、それでもかぶはぬけない。そして意外な結末を迎える。そこへネズミがひょっこりあらわれて、かぶをたべてしまい、ひっこぬいた!

かぶははっきり一粒と語っていますし、「ばっちゃがじっちゃを、じっちゃがかぶを」という順番になっています。おなじみの犬も猫も出てきませんし、全員で力を合わせてかぶを抜くのではなく、ひょっこり現れた鼠がかぶを食べてしまうというのです。力を合わせて頑張るとできるんだということを教えようとすると、この話では困ってしまいます。「教育的意味を重視してきた人には拍子抜けするような、あっけらかんとした結末である」というとおりです。

伝えられた「おおきなかぶ」にはいろいろなバリエーションがあるということです。さらに齋藤君子さんが挙げている話でびっくりするのは、次の話です。アファナーシエフ編纂の『ロシア昔話』に収められた原話のあらすじはこうなっています。

じっちゃがかぶの種を蒔き、抜きにいくが、いくらひいても抜けない。じっちゃはばっちゃを呼び、ばっちゃがじっちゃを、じっちゃがかぶをつかんでひっぱるが、かぶは抜けない。孫娘を呼ぶが、やはり抜けない。つぎに犬を呼ぶが、抜けない。そこへ一本足がやってくる。一本足が犬をつかんでひっぱるが、抜けない。そこへ二本めの一本足がやってくる。（中略）最後に五本めの一本足が加わり、ついにかぶが抜ける。

これもちゃんと内田さんの翻訳と同じ順番になっています。驚くのは最後の一本足です。「この一本足とはいったいなにものなのだろう。編纂者のアファナーシエフ自身、ふしぎに思っていたらしく、一本足のあとに「?」を付している」と解説しています。

ところが、ベッソーノフ編纂の『童謡集』に収められた原話を見ると、「粗筋はアファナーシエフのものとほとんど同じで、登場人物は爺、婆、孫娘、子犬、そして一本足（1から5まで）であるというのですから、一本目の一本足、二本目の一本足、三本目の一本足、四本目の一本足、五本目の一本足となります。そして、このような注を付けていると紹介するのは、「一人が『かぶ』になって座る。もう一人が片足をつかんで引っ張るが、引き抜けない。三人めが引っ張り、四人めが引っ張るが、それでも引き抜けない。さらにたくさん集まって、やっとかぶを引き抜く！　みんなでかけだし、喜んで叫ぶ」という記述です。

齋藤君子さんの解説が入った新書の帯には、かぶを抜くお祖父さん、お祖母さん、孫娘、犬の後に、一本足がいますが、その一本足は少年が片足を上げて、それを後の少年がつかんで引っ張り、それが五人続く様子を描いています。簡単に言うと、一人の子供がかぶになって、そのかぶをみんなで抜く遊びだったのです。ロシアの子供の遊びから生まれた昔話が「おおきなかぶ」であることがわかります。

一年生の教材で、「おおきなかぶ」が非常に好まれるのは、構成や反復・リズムなどいろいろありますけれども、先生が「あなた、かぶになって」「あなた、お祖父さんになって」といった具合にあてて、演劇化して楽しむことがあります。ときには、お祖父さんのお面を着けたり、衣装まで着けたりする場合もあります。そのようにして昔話の世界を身体的に楽しむのです。教室には三〇人ぐらいいますから、犬1・犬2のように人物を増やすこともあります。一年生になった子供たちが教室で楽しむのには、とてもふさわしく、みんなが喜んで勉強してくれる教材です。この「おおきなかぶ」が演劇化して楽しめるのは、そもそもこの話が子供の遊びから生まれたからだということに気づきます。先生方は気づいていないかもしれませんが、「おおきなかぶ」を演劇化するというのは、この昔話の発生に遡るようにして子供たちが楽しみ、それによって、昔話の世界に触れてゆくからです。教育の現場では気がついていませんが、昔話研究から考えてみると、実に理にかなっていることがわかります。

7　ウクライナの民話「手ぶくろ」を合わせて読む

学校図書では、『こくご　1年上』で「おおきなかぶ」を採って、『こくご　1年下』でもう一度、内田莉紗子訳の「手ぶくろ」を採っています。「手ぶくろ」はロシアから黒海に入ったウクライナの有名な民話です。ここに内田莉莎子さんの絵本を持って来ましたけれども、御存じない方もあろうかと思いますので、福音館書店の絵本で読んでみます。教科書とは文字表記が違っているかもしれません。

おじいさんが　もりを　あるいていきました。こいぬが　あとから　ついてきました。おじいさんはあるいているうちに、てぶくろを　かたほう　おとして、そのまま　いってしまいました。するとねずみが　かけてきて、てぶくろに　もぐりこんで　いいました。「ここで　くらすことにするわ」そこへ　かえるが　ぴょんぴょん　はねてきました。「だれ、てぶくろに　すんでいるのは？」「くいしんぼねずみ。あなたは？」「ぴょんぴょんがえるよ。わたしも　いれて」「どうぞ」ほら、もう　二ひきに　なりました。

鼠は「くいしんぼねずみ」、蛙は「ぴょんぴょんがえる」という名前です。名前に「くいしんぼ」「ぴょんぴょん」が付いて、それぞれの動物の特色を表しますが、名前自体がおもしろいですね。さらにこうなります。

うさぎが　はしってきました。「だれだい、てぶくろに　すんでいるのは?」「くいしんぼねずみと　ぴょんぴょんがえる。あなたは?」「はやあしうさぎさ。ぼくも　いれてよ」「どうぞ」もう　三びきに　なりました。

兎は「はやあしうさぎ」です。次に狐がやってきて、同じように聞きます。昔話で大事なのは繰り返しです。大人は、繰り返しがあると、「もうわかってるでしょ」と言って省略したがりますけれども、実は、繰り返しは昔話の大事な要素です。

「どなた、てぶくろに　すんでいるのは?」「くいしんぼねずみと　ぴょんぴょんがえると　はやあしうさぎ。あなたは?」「おしゃれぎつねよ。わたしも　いれて」もう　これで　四ひきに　なりました。

五番目に狼が来て、手ぶくろに入ろうとします。

「だれだ、てぶくろに　すんでいるのは?」「くいしんぼねずみと　ぴょんぴょんがえると　はやあしうさぎと　おしゃれぎつね。あなたは?」「はいいろおおかみだ。おれも　いれてくれ」「まあいいでしょう」

これで五匹になって、六番目は猪です。猪がパイプをくわえてやって来る場面が描かれています。

「ふるん　ふるん　ふるん。だれだね、てぶくろに　すんでいるのは？」「くいしんぼねずみと　ぴょんぴょんがえると　はやあしうさぎと　おしゃれぎつねと　はいいろおおかみ。あなたは？」「きばもちいのししだよ。わたしも　いれてくれ」さあ　こまりました。「ちょっと　むりじゃないですか」「いや、どうしても　はいってみせる」「それじゃ　どうぞ」

手ぶくろに六匹入ってしまいます。

てぶくろは　ぎゅうぎゅうづめです。そのとき、きのえだが　ぱきぱき　おれるおとがして、くまが　やってきました。「だれだ、てぶくろに　すんでいるのは？」「くいしんぼねずみと　ぴょんぴょんがえると　はやあしうさぎと　おしゃれぎつねと　はいいろおおかみと　きばもちいのしし。あなたは？」

「じゅげむじゅげむ」みたいですけれども（笑い）、ここがおもしろいところです。

「うぉー　うぉー。のっそりぐまだ。わしも　いれてくれ」「とんでもない。まんいんです」「いや、どうしても　はいるよ」「しかたがない。でも、ほんの　はじっこにしてくださいよ」これで　七ひきに　なりました。てぶくろは　いまにも　はじけそうです。

さて、もりを　あるいていた　おじいさんは　てぶくろが　かたほうないのに　きがつきました。さっそく　さがしに　もどりました。こいぬが　さきに　かけていきました。どんどん　かけていくと、てぶくろが　おちていました。てぶくろは　むくむく　うごいています。こいぬは　「わん、わん、わん」と　ほえたてました。みんなは　びっくりして　てぶくろから　はいだすと、もりの　あちこちへ　にげていきました。そこへ　おじいさんが　やってきて　てぶくろを　ひろいました。

昔話の枠組みから見ると、お爺さんが手ぶくろを落して、それを拾いに戻るまでのわずかな時間の中で起こった出来事ということになります。小さな手ぶくろに、鼠・蛙・兎・狐・狼・猪・熊、なんと七種類の動物が入ってしまっています。手ぶくろの中にそんなに入るのか、不思議な手ぶくろで、ドラえもんのポケットみたいな感じです。これも典型的な累積昔話で、入る動物がだんだん大きくなるというイメージも明確です。

日本民話の会が『ガイドブック世界の民話』を出して、渡辺節子《わたなべせつこ》さんが、「はえのお屋敷」を解説しています。この話は「はえのお屋敷」という呼ぶほうが一般的だとします。篩《ふるい》の中に、はえ・蚊・やまかがし・蛇・青蛙・テン・兎・狐・狼が入り、最後に踵《かかと》でっかちの熊が「入れてくれ」と言って、篩にどっかり腰をおろしたので、動物たちは残らずつぶされてしまったという話です。動物がだんだん大きくなるのは同じですが、最後に、森の王者の大きな熊に潰されてしまいます。「手ぶくろ」の場合には、みんな手ぶくろの中に仲よく入りますが、「はえのお屋敷」では、大きな熊が、悪意はないにしても、それ以外のものを潰してしまうのです。先ほどの「おおきなかぶ」の結末でもそうでしたが、意外な結末です。みんな無事に逃げて、ああよかったと思うのか、熊に潰されて、びっくりするのか、微妙ですけれども、人々は同じ話を微妙に変えながら、楽しんで語り伝えてきたことがわかります。昔話というのはそのようにして動いてゆくところに、おもしろさがあります。

学校図書では、「おおきなかぶ」を勉強した後、「手ぶくろ」を勉強すれば、さらに学習が深まるだろうと考えたことがわかります。累積昔話の構造はよりよく認識されるはずです。これは学校図書の工夫です。そこで、今申し上げたような昔話のゆらぎの楽しさについて、先生が触れてくだされぱうれしいことです。

8 「鶴の恩返し」の伝説化と「恩返し」「敵討ち」の対称性

先の「おおきなかぶ」と並んでよく採択されている昔話は、二年生の定番教材になっている「かさこじぞう」です。光村図書では一年上で「おむすびころりん」、一年下で稲田和子さんの「まのいいりょうし」、二年下で瀬田貞二《せたていじ》さんの「三まいのおふだ」を採っていて、「かさこじぞう」は採っていません。しかし、他の教育出版・学校図書・東京書籍・三省堂はすべて二年下で、岩崎京子《いわさききょうこ》さんの「かさこじぞう」を採っています。現在でも、五社のうち四社が採っているのです。

その原典の絵本『かさこじぞう』は非常によく読まれてきて、皆さんもよくご存じだと思います。新《あら》井五郎《いごろう》さんの絵で、昔話絵本の名作だろうと思います。カバーは地蔵様が吹雪の中、正月のものを橇《そり》で曳いてくる場面を描いています。ストーリーでは後わりの部分にあたります。

岩崎京子さんにはずいぶん親しくしていただいて、今もお元気で第一線で活躍されていますけれども、折あるごとにお話を聞いてきました。参考に、山形県でお話しした私自身の講演の記録の一部を載せておきました。山形県南陽市に夕鶴の里があります。木下順二の戯曲『夕鶴』にちなんだ施設です。夕鶴の里を拠点に置賜地方の語り手が盛んに活動していて、そのリーダーである山路愛子《やまじあいこ》さんの本の中に、「鶴の恩返し」(「鶴女房」)が出てきます。なぜ南陽市に夕鶴の里ができたのかがわかります。

漆山の金蔵という正直な働き者が商いの帰り道に、大きな鶴が縛られていじめられていたので、子供たちに金を出して助けてやりました。「浦島太郎」みたいですが、そのモチーフが入っています。すると、美しい女性が足から血を流してやって来ます。そこで、金蔵は弟切草《おとぎりそう》を出して助けてやります。弟切草は止血薬に使うのですが、傷を治す民間療法が入ってきています。弟切草で傷を治すというモチーフは他の「鶴の恩返し」には見られません。

朝起きてみると、台所からトントントントン音がする。女性は傷が治り、「お世話になったので、機織りが上手だから機織りがしたい。でも、機織りをしている間は部屋を見ないでくれ」と言います。「見るな」のタブーを課すモチーフです。しかし、金蔵が我慢できずに中を見てしまうと、裸同然の鶴が機を織っています。出てきた鶴は、「私は本当は人間ではなく、旦那様に助けていただいた鶴です。仏様の有難いお姿を織り込んだお曼荼羅です」と言って、形見の曼荼羅を置いて消えていってしまい、曼荼羅が残されます。

金蔵は、鶴でさえ恩返しに来てくれたのに、おれは約束を破って申し訳ないことをしたと悔やんで、鶴の織った曼荼羅をお寺に納めます。そのお寺は金蔵寺から鶴布山珍蔵寺になって、今もある名刹です。私も行きましたが、もう少し経つと銀杏《いちょう》の木が綺麗に色づいて、本堂には鶴の剥製があり、曼荼羅もあったと思います。「鶴の恩返し」が伝説化したお寺で、昔話が寺社縁起になっています。山形県には他にも「鶴の恩返し」があって、一般的な昔話ですが、こうした例はありません。南陽市では、戦後日本の復興に「鶴の恩返し」が関わったのではないかとお話をしたことがあり、今もそう思っています。木下順二の『夕鶴』は、そうした時代に対する批判精神を「鶴の恩返し」を通して語っています。

思えば、昔話の重要なモチーフに、「恩返し」があります。「鶴の恩返し」はその典型ですが、「浦島太郎」も、亀を助けて竜宮城に行きますが、あの話に潜在するのは「恩返し」だろうと思います。助けてもらったり、よいことをされたら、必ず恩を返さなければならないというのが、義理人情に厚い日本人の思想だと思います。昔話で言えば、「恩返し」の裏側にあるのは、おそらく「敵討ち」です。やられたらやり返すという言葉でも知られます。少し前のドラマで、「倍返し」という言葉が流行語になりました。ひどいことをされたら、それに対して仕返しをするのが当たり前だというのも、日本人の思想です。「かちかち山」「猿蟹合戦」にもそういうところがあります。

こうして見ると、「敵討ち」と「恩返し」は表裏の関係にあって、昔話の思想だったと思います。ただし、近代に入ると「敵討ち」はいけなくなります。親を殺されても、主君を殺されても、敵討ちをしてはならず、法律で裁かれなければいけなくなりました。そうすると、だんだん「敵討ち」は流行しなくなります。赤穂浪士《あこうろうし》の敵討ちは非常に人気がありましたけれども、現代社会ではなかなか共感できないところがあることは間違いありません。その背景には、私たちは「敵討ち」をしてはならず、法の下で生きなければいけないという思想が徹底してきていることがあるはずです。一方、逆に言えば、それとともに「恩返し」も忘れられていったと思います。恩を受けても返さなくてもいい、神頼みに行っても御礼参りに行かなくていい、ということになります。頼むときだけ頼んで、あとはしらんぷりという様子で、義理人情の世界がだんだん薄れてきた感じがします。

9 戦後の日本人の幸福と『笠地蔵様』『かさこじぞう』

一九四六年（昭和二一年）一月に出版された『笠地蔵様』は、関敬吾さんが文章を書いて、秋田県出身の福田豊四郎《ふくだとよしろう》さんが絵を描いています。この絵本が出たのは一九四五年八月の敗戦から半年も経っていません。戦後最初の正月に出た昔話絵本が『笠地蔵様』だったのです。「桃太郎」が消えていって、戦後重視されたのは「笠地蔵」だと思います。

この本の「お母さまがたへ」という解説で、関敬吾は、「苦しい生活の中にも、信仰に生き自ら持《じ》するところがあれば、幸福と平和とが訪れるといふことを、物語に託して子供たちに伝へようとしたものであります」と述べました。戦後の復興の中で食べてゆくのがやっとという時代でした。しかし、関敬吾は、信仰に生きることによって、幸福と平和が訪れると述べました。おもしろいのは「平和」という言葉があることです。この時期、「平和」がどんなに大事であるかということを、日本人は身にしみて知ったはずです。間違いなく、「笠地蔵」は、戦後の日本人が幸福と平和を願うときの規範になると考えたにちがいありません。

さらにその後、岩崎京子さんが『かさこじぞう』を出して、それが教科書に採択され、今も五社のうち四社がこれを載せています。日本人の子供なら誰でも「笠地蔵」を知っているのは、教科書に載っているからです。

岩崎さんの『かさこじぞう』を見てみましょう。爺様と婆様は貧乏で、その日をやっと暮らしています。今ではもう想像しにくいかもしれませんけれども、つぎはぎだらけの着物を着て、囲炉裏にあたっています。爺様と婆様の貧しさがそうしたところに出ています。その時の会話に、「ああ、そのへんま

で　お正月さんが　ござらっしゃると　いうに、もちこの　よういも　できんのう。」とあります。お正月の餅の用意もできないほど貧乏だというのです。そこで、何か売るものでもあればと考えて、爺様は笠を売りに行きます。でも、大歳の市に笠を売りに行っても、誰も買ってくれません。

爺様が帰ってくる途中に、お地蔵様が横殴りの吹雪で白くなっています。「おどうは　なし、木のかげも　なし、ふきっさらしの　野っ原なもんで、じぞうさまは　かたがわだけ　雪に　うもれて　いるのでした。「おお、お気のどくにな。さぞ　つめたかろうのう。」ということになります。この「笠地蔵」は吹雪で、先の『笠地蔵様』も雪景色でした。東日本では雪に降られますけれども、西日本に行くと、雨に降られているという話が多く見えます。日本海側はやっぱり雪ですが、太平洋側では雨と語る場合もけっこうあります。

雪が積もったお地蔵様に、「そうじゃ、この　かさこを　かぶって　くだされ。」と言って、雪を払って笠を被せます。お地蔵様は六体なので、笠が一つ足りず、最後は、「おらので　わりいが、こらえてくだされ。」と言って、自分のつぎはぎの手拭を被せます。カバーの絵にも手拭を被ったお地蔵様が含まれています。

家に帰った爺様が、「おら、かさこ　かぶせて　きた。」と言うと、婆様はいやな顔一つしないで、「おお、それは　ええ　ことを　しなすった。じぞうさまも　この雪じゃ　さぞ　つめたかろうもん。さあ　さあ　じいさま、いろりに　来て　当たって　くだされ。」と言います。私だったら、「売れるまで帰ってくるな」（笑い）と言われて、戸を閉められると思いますが、皆様のご家庭ではどうでしょう。

昔話の主人公は、信じられないほど美しい心を持っているのです。意地悪な場合は意地悪ですけれど、美しい場合は信じられないほど美しい心を持っています。昔話の主人公のキャラクターは単純で、ゆらぎません。複雑な内面を持たないのです（笑い）。

そして、お地蔵様は軒下にどしんと物を置いてゆきます。「のき下には　米の　もち、あわの　もちの　たわらが、おいて　ありました。そのほかにも、みそだる、にんじん、ごんぼや　だいこんの　かます、おかざりの　まつなどが　ありました。じいさまと　ばあさまは、よい　お正月を　むかえることが　できましたと。」と結びます。

最後は、爺様と婆様がお正月を迎えて、お雑煮を食べる場面です。岩崎さんの『かさこじぞう』は、お正月の用意ができてしあわせだったというものです。でも、「笠地蔵」を見ると、「千両箱がありました」とか、「それで一生しあわせに暮らしました」という場合が多いのです。昔話は大きな幸福を語りますが、岩崎さんはそんなオーバーにせず、つつましやかにお正月を迎えただけにしています。ここには戦後の幸福のイメージがあるはずです。

岩崎さんが、「ある時期大変だった」と話してくれたことがあります。政治家が、「日本がこんなに豊かになったのに、子供たちは『かさこじぞう』のような貧乏くさい話を学んでいる」と批判したのです。戦後豊かになった日本にこの昔話はなじまないと思ったのでしょう。それで、岩崎さんはホテルに隠れて暮らした時期もあったようです。

でも、考えてみましょう。年末になると、都会へ出ている人は故郷へ帰るのですが、いろいろな事情があって故郷へ帰れない人もいます。でも、年末には働く場所や寝る場所、食べるものがない、ということになって、「派遣村」ができました。現代でもお正月を迎えるのが大変なことが身にしみてわかります。日本は豊かになったと楽観できないことからすれば、昔話のほうが遥かに時代を超える思想を持つように思います。

この「笠地蔵」は、昔話の分類でいう隣の爺型になれば、お爺さんとお婆さんを羨んで、隣のお爺さんとお婆さんが「私もこうなりたい」と言って、無理やり地蔵に笠を被せてきたとなるはずですが、そういう展開はほとんどありません。「笠地蔵」は限りなく美しい夫婦だけを描いて、それを羨むことはないのです。「花咲か爺」や「瘤取り爺」のようにはなりません。隣の爺型にはならないのだと思います。

この「笠地蔵」と対照的な話は何かというと、おそらく「舌切り雀」です。一軒の家の中でお爺さんとお婆さんが対立して、それぞれ大きいつづらと小さいつづらを貰ってきます。お爺さんの小さいつづらにはたくさんの宝物があり、お婆さんの大きいつづらには化け物が入っています。知りたいのは、「舌切り雀」の夫婦がこの後どうなったか（笑い）です。お婆さんは心を入れ替えて夫婦仲良く暮らしましたとする話もあります。けれども、本当にそうかどうかはわかりません。やや宙ぶらりんな感じですが、一つ屋根の下の葛藤を語ったのが「舌切り雀」だろうと思うのです。

この『かさこじぞう』は今も好まれて、日本人の生き方を考えさせる要素を持っていますが。岩崎さんが語った言葉の中で気になるのは、ある男の子が、「お地蔵様はただの石だから、寒いも冷たいもないだろう」と（笑い）言ったというのです。確かに、科学的に見ればそうかもしれないと思います。これは科学か信仰かという問題とも関わってきます。しかし、この話には、お地蔵様がかわいそうだからと、笠を被せてあげる優しさがあります。どうも科学だけでは処理できません。冒頭に申し上げましたように、情報化と国際化で科学的に生きようというようになってきています。それはもちろん大事ですけれども、その一方で、神や仏を信じるといった心の問題を置き去りにすることはできないはずです。こんな時代だからこそ、『かさこじぞう』はどういう意味を持つかを考えてみる必要があるように思います。

十分なまとめになりませんけれども、チャイムが鳴りました。子供たちは、一年生で「おおきなかぶ」、二年生で「かさこじぞう」を学んで、それが国民的な教養になっています。「桃太郎」のことも話しましたし、「因幡の白兎」のことも話しました。今日はご家庭で「こんな話があった」という話をしてくだされば、大変うれしいと思います。時間になりましたので、ここまでにします。お聞きくださってありがとうございました。

現行教科書神話・昔話教材一覧

光村図書（二〇一五年度版）	
『こくご　一上』	おむすびころりん
	おおきなかぶ（ロシアのみんわ）
『こくご　一下』	まのいいりょうし（いなだかずこ・つついえつこ・文　ながのひでこ・え）

	むかしばなしがいっぱい
『こくご　二上』	いなばの白うさぎ（なかがわりえこ・文　いとうひでお・絵）
『こくご　二下』	三まいのおふだ（せたていじ・文　さいとうたかお・絵）
教育出版（二〇一五年度版）	
『小学国語　1上』	おはなしのくに
	おおきなかぶ（ろしあのおはなし　うちだりさこ・やく）
『小学国語　1下』	天にのぼったおけやさん（みずたにしょうぞう・文　いけだげんえい・え）
『小学国語　2下』	かさこじぞう（いわさききょうこ・文　むらかみゆたか・絵）
	いなばのしろうさぎ（ふくながたけひこ・文　やまさきもも・絵）
学校図書（二〇一五年度版）	
『こくご　1年上』	おおきなかぶ（うちだりさこ・やく　さとうちゅうりょう・え）
『こくご　1年下』	おんちょろちょろ（せたていじ　ふじたかつじ・え）
	手ぶくろ（うちだりさこ・やく）
『こくご　2年上』	ヤマタノオロチ（きさかりょう　かなもりかずもと・え）
『こくご　2年下』	かさこじぞう（いわさききょうこ）
	ランパンパン（インドの昔話）
東京書籍（二〇一五年度版）	
『新しい国語　一上』	おおきなかぶ（うちだりさこ・やく　さとうちゅうりょう・え）

『新しい国語　一下』	むかしばなしをたのしもう
	花さかじいさん（いしざきひろし・文　まつなりまりこ・え）
『新しい国語　二上』	だいだらぼうのお話　やまたのおろちのお話　いなばの白うさぎのお話
	いなばの白うさぎ（かわむらたかし・文　くすはらじゅんこ・絵）
『新しい国語　二下』	かさこじぞう（いわさききょうこ・文　いしくらきんじ・絵）
	むかし話を読もう
三省堂（二〇一五年度版）	
『しょうがくせいのこくご　1年上』	にくをくわえたいぬ（かわさきひろし・さく　みやざきひろかず・え）
	おおきなかぶ（うちだりさこ・やく　おおただいはち・え）
『しょうがくせいのこくご　1年下』	いなばの白ウサギ（みやかわひろ・さく　いのうえふみか・え）
『小学生のこくご　二年』	かさこじぞう（いわさききょうこ・作　うだがわしんぶん・絵）

参考文献

・石井正己編『昔話を語り継ぎたい人に』三弥井書店、二〇一六年
・石井正己『ビジュアル版　日本の昔話百科』河出書房新社、二〇一六年
・石井正己『昔話の読み方伝え方を考える』三弥井書店、二〇一七年
・石井正己「小学校からの古典教材」『毎日新聞』二〇一七年四月一〇日夕刊

・石井正己「時代に添いやすいイメージ」『朝日新聞』二〇一七年九月六日夕刊
・岩崎京子ぶん・新井五郎え『かさこじぞう』ポプラ社、一九六二年
・内田莉莎子訳・佐藤忠良画『おおきなかぶ』福音館書店、一九六二年
・内田莉莎子訳・エウニゲーニー・M・ラチョフ絵『てぶくろ』福音館書店、一九六五年
・齋藤君子「大きな「かぶ」の六つの謎」小長谷有紀編『「大きなかぶ」はなぜ抜けた?』講談社、二〇〇六年
・日本民話の会編『ガイドブック世界の民話』講談社、一九八八年
・山路愛子編著『むがぁし昔　あったけど—夕鶴の里で語った百話—』東神文化企画、二〇一一年

付記

教科書の収集については横山英志さんのお世話になりました。

(二〇一七年九月二〇日、高千穂大学公開講座における講演)

追記

国定国語教科書の時代の昔話については、石井正己編『世界の教科書に見る昔話』(三弥井書店、二〇一八年)を参照してください。

柳田国男とグローカル研究
―『遠野物語』と『昔話覚書』―

私の勉強は研究的であるとともに、じつはポリティックであり、また国内的であると同時に、国際的でもあったといえるかと思う（『故郷七十年』より）。

1　柳田国男没後50年と現代的意義の検証

本年（二〇一二年）六月一六日、四谷区民ホールにおいて、「柳田国男没50年を問う」というフォーラムを開催しました。講演とシンポジウムを合わせて、柳田国男が残したものは二〇世紀の日本の最大の遺産であり、これをどう考えてゆくのかという問題提起をしました。柳田が研究対象にするために、全国の同志に採集を促した民俗は、もはや懐かしいと言って振り返るような時代を終えています。そうしたことで民俗を取り上げることは、いい加減もう止めにして、次の歩みを始めなければなりません。

かつて民俗は同時代に生きていて、知りたいと思えば行って確かめることができるものでした。しかし、高度経済成長期を経て、民俗は急速に失われてしまい、もはや記録の中に探すしかない場合が少なくありません。過去形になってしまった民俗を考えることが未来に向かってどのような意義を持つのか、そのことが説明できなければ、柳田国男を考える意味はもはやないと言うこともできます。

多くの方は柳田が残したものは古臭く、国際化と情報化が急速に進む現代社会において意義があるとは考えないかもしれません。しかし、個々の民俗は消えても、それを取り上げた文章は、日本の基層文化にしっかり根を下ろし、近代化の行方を厳しく見つめています。結論を急いで出すよりも、今わかることはここまでだとして提示し、それに対する補足や批判を促しつづけました。急いで答えを求めるのではなく、そこに提示された「問い」こそを引き出すべきではないかと考えています。「没50年を問う」とした「問う」という言葉は、このフォーラムの根幹に関わるキーワードだったのです。

今日は「民俗学の殿堂」ともいうべき成城大学が会場です。成城はかつての北多摩郡砧村であり、一九二七年（昭和二年）、柳田国男が喜談書屋を建てて移り住み、亡くなるまで民俗学を進めるための拠点とした場所です。今日のテーマは、居住地で言えば、牛込区（今の新宿区）市谷加賀町からここに移ることも考えねばなりません。『遠野物語』は砧村では生まれなかったし、「一国民俗学」は市谷加賀町では生まれなかったことは、十分に想像できます。

この半世紀の間に起こった出来事としては、先ほども申し上げましたように、柳田国男が研究対象にした民俗が社会から急速に消えていったことがあります。消えていったというよりは、むしろ、見えにくくなったという方が正確かもしれません。しかもこの間、ダム建設の水没集落などの緊急民俗調査が行われたり、新たな市町村史に民俗編が入れられたりして、膨大な資料が集められました。しかし、民俗学者は自分たちが集めた資料の情報量が処理しきれないほどになり、あえいでいるような感じがなくもありません。

民俗学は柳田を軸にして民間学から始まり、戦後アカデミズムに入り込みます。大学で民俗学を教えるようになり、学生たちの研究会が活発に活動しました。そうした中で、民俗が消失するような急速な社会変化に学問がどう適応するのか、いろいろ悩んできたと思います。しかし、大学における学生の研究会は活動を休止し、民俗学はいまだに講座や学科として安定している状況にはありません。各地にいた郷土研究者は次第に姿を消して、博物館の学芸員に吸収されてしまいました。

そうした体制を引き起こした原因として、宮本常一《みやもとつねいち》などを除けば、民俗学者は自分たちが集めた資料が社会に生かされることを考えなかったということがあります。集めた資料が社会に循環することを嫌ったのは、純粋な民俗を求めるためには邪魔になると考えたからにほかなりません。かつて民俗学は生活の足元を照らしてくれる学問でしたが、そうしている間に、学生をはじめとする若者たちは、「民俗ってなに？」ということになってしまったのです。もはや民俗は日本に存在した「内なる異文化」になり、民俗そのものから勉強しなければ民俗学がわからない時代を迎えています。

もう一つこの半世紀間の出来事を挙げれば、柳田国男研究の蓄積があります。佐々木喜善研究をした山下久男《やましたひさお》を除けば、柳田の生前に研究はほとんどなされず、むしろ厳しいタブーだったと思います。雑誌『文学』が一九六一年（昭和三六年）に「柳田国男」の特集を組みますが、これがまとまったかたちでは最初でしょう。この半世紀は、柳田国男研究の五〇年であったと言ってもいいと思います。

2　柳田国男とグローカル研究の接点

柳田国男研究の基盤を作ったのは、生前の一九六二年（昭和三七年）から刊行が始まった『定本柳田国男集』（筑摩書房）全三六巻です。当初二八巻の構成だったのが没後に変更され、一・三倍くらいに膨れあがります。「先生の御遺志」として抒情詩や談話筆記を除きましたが、「朝日新聞論説集」『故郷七十年』に書簡を加えて、全集に近いテクストができあがりました。別巻第五には「総索引」（正確には主要語句索引）「書誌」「年譜」が収録されます。「総索引」の労作によって、膨大な文章を引いて読むことができるようになったのです。その結果、溢れんばかりの研究がこの間に発表されました。

この『定本柳田国男集』が残した功績には計り知れないものがありますが、ここまで来てみると、もはやそれに拠ったのでは研究が先に進まない状況を迎えています。その限界を超えようと、一九九七年（平成九年）から『柳田国男全集』の刊行が始まりました。単行本編と新聞・雑誌編と呼ぶような巻を時系列で構成し、今、第三三巻まで来ています。『定本柳田国男集』はテーマ別で構成し、各巻の独立性を維持して便利でしたが、これは一巻ごとではなく、まるごとで使われることを考えました。

今回、『定本柳田国男集』に収録しなかった文章を全面的に収録しただけでなく、単行本に入れられた新聞・雑誌の初出を収集し、「解題」で触れました。「定本」のようにテクストを固定化してよしとするのではなく、生成するテクストを把握しながらダイナミックな研究が進むことを目指しています。沖縄から北海道まで資料収集に歩きましたが、それ以上に、この間に国際化と情報化が進み、それまで知られなかった文献の発見が相次ぎ、補遺編が必要になっています。それでも未発見の資料は残り、さらなる調査が必要なことは言うまでもありません。

それはともかく、柳田国男研究は批判と擁護で二極化していったところがあります。一九八〇年代には性・差別・天皇への追究が弱いなどと批判され、九〇年代に入ると、植民地主義に加担したとして抹殺するような動きがありました。一方で、柳田国男は早くから立派なことを言っていたのに、受け入れられなかったと擁護する立場がありました。しかし、対立するように見えながら、どちらも同じような思考の落とし穴に陥ってしまい、生産的ではなかったように思います。その結果、研究は進展せず、もはや身動きが取れない状況にあります。これを作り変えてゆくには、研究者の自説を補強するために柳田国男を使うのではなく、その文章を真摯に読む必要があります。『柳田国男全集』でそのための環境を整備したいと考えてきたのです。

思えば、柳田国男研究を進めてきたのは民俗学者ではありませんでした。民俗学者はアカデミズムの確立に向けて、民俗学を科学にするのと差し替えに、柳田を仰ぎながらも個性をはぎ取ってしまったように見えます。民俗学者が進めようとしなかった研究を全面的に受け止めたのは、吉本隆明《よしもとたかあき》や橋川文三《はしかわぶんぞう》、後藤総一郎《ごとうそういちろう》といった思想史の人々でした。柳田国男は思想家として評価されたのです。そうした刺激は歴史学や人類学、社会学、国文学、教育学など幅広い分野に及びました。

しかし、『定本柳田国男集』に依拠したために、資料を正確に作る力はすっかり失われました。今、全集の第三四巻で没後に発見された文献の校訂を行っていますが、資料の荒さは目に余るものがあります。柳田の癖のある字が読めなくなっているのです。笑い話になりますけれども、先般の『明治古典会第四七回　七夕古書入札目録』に、一九五四年（昭和二九年）二月の『世界』第九八号に載った「私の仕事」が出ています。これを入札しなかったのは柳田自身の草稿ではないからです。文末に「（談話筆記）」とあるように、他人が書いたものですが、柳田の草稿として流通しているのです。贋物ではないのですが、プロでさえ判断ができない状況にあります。

柳田の文章が生成する複雑さが露呈したわけですが、今ではそうしたことまで認識した研究が必要になっていると思います。生成するテクストとして見るだけでも、型にはまった柳田研究ではなく、未来に開かれた読み方ができるのではないかと考えています。その際、重要な対象にしたのが『遠野物語』であり、この二〇年間舐めるように読んで、どのくらいの講演や執筆をしてきたか、自分でもわからないほどに取り組んできたのです。

例えば、現代社会が抱えている親殺しや子殺し、孤独死、そして大震災からの復興を考えるときに、『遠野物語』は大きな示唆を与えてくれます。柳田国男の思考は今も決して滅びていないと断言することができます。これを反省の鏡に未来を考えるべきではないかということは、新聞で何度も書いてきました。『遠野物語』を真面目に読んだことのある人ならば、そこに「懐かしい日本」を見ることが誤りであることはすぐにわかるはずですが、そうした誤読が平気でまかり通っているのが現状です。

今回は、グローカル研究センターの主催事業ということですので、グローバル（国際性）とローカル（地域性）が交錯する視点で、柳田国男のテクストを読んでみたいと考えてきました。そうした柔軟な思考を手に入れることによって、柳田擁護か柳田批判かというような二項対立的な状況を超えていく可能性が探れるのではないかと思って、ここに立っています。これからの柳田を創造的に考えていこうとするとき、生成するテクストをグローカル研究の視点から読むことの意義がお話しできればと思います。六月の講演とあまり変わりばえのないような話になりますが、もう少し具体的に柳田のテクストを繙いてみます。

3　献辞と日本民俗学に閉ざされた『遠野物語』

一九一〇年（明治四三年）の『遠野物語』（私家版）には、「此書を外国に在る人々に呈す」という献辞があります。これは清書の段階で入れられたものです。一九三五年（昭和一〇年）『遠野物語　増補版』（郷土研究社）の「再版覚書」の冒頭で、「其頃友人の西洋に行つて居る者、又是から出かけようとして居る者が妙に多かつた」と言います。具体的には、農政官僚だった石黒忠篤《いしぐろただあつ》がヨーロッパに留学したとき、船中で読んで手紙を送ってくれたと回想します。石黒の留学は印象深い出来事だったのでしょう。この献辞はまず第一に、官費や私費で洋行するエリートたちを想定していたと考えられます。

また、「外国人の所蔵に属したものも、少なくとも七八部はある」とも言います。外国人の所蔵として把握している一人は、ロシア出身の言語学者・ニコライ・ネフスキーで、第二〇〇号を持っていました。一九一七年（大正六年）に遠野に行って遠野郷一帯を調査し、熱心に写真を撮って「獅子踊り」「かくらさま」の写真を『土俗と伝説』に載せるなどしています。これは『遠野物語』を目的とした初めての調査であり、『遠野物語』の研究は外国人から始まったことになります。

中国出身の随筆家・周作人《シュウサクジン》は、留学中に第二九一号を買っています。一九三二年（昭和七年）に『遠野物語』を中国語に訳した五話を雑誌に寄せて、柳田の学問の価値と文章の美しさを説いています。こうしたかたちでいち早く『遠野物語』がアジアに紹介されたことは、意外なことにあまり知られていません。この時期、アジア・ヨーロッパから来た優秀な留学生が手にしたように、『遠野物語』はすでに国際化の中に置かれていたのです。

しかし、柳田没後の一九六三年（昭和三八年）、社会学者・加藤秀俊《かとうひでとし》と文化人類学者・米山俊直《よねやまとしなお》が『北上の文化―新・遠野物語―』（社会思想社）を著します。米山は後に「小盆地宇宙」という見事な理論を構築しますが、その原点になった本です。その中で、この献辞は西洋的思考に慣れすぎて外国人のようになった日本人に対する警鐘だと解釈しました。これは結構受けるのですが、そのように限定したときに、『遠野物語』は一挙に「一国民俗学」の中に閉じ込められてしまいます。やはり実態としての「外国」を想定してみる必要があるのではないかと思います。

そのようにして『遠野物語』を封印した背景は、一九三五年に求められます。増補版が出たときに、折口信夫《おりぐちしのぶ》が「後記」を寄せて、「先生の最記念すべき書物」と位置づけ、簡単に口が出せないような歯止めをしたのです。金田一京助《きんだいちきょうすけ》は一九三六年（昭和一一年）の書評で、「日本民俗学の呱々《ここ》の声」だと述べました。つまり、一九三五年頃、『遠野物語』は日本民俗学の誕生を記念する著作だという神話が作られたのです。

増補版の出版と連動して、柳田国男満六〇歳の誕生日に合わせて、日本青年館で日本民俗学講習会が開かれ、全国から若い同志が集まります。そこから民間伝承の会が生まれ、民俗学の理論と組織が確立します。そうした中で、『遠野物語』は日本民俗学の誕生を記念する著作だという言葉が便利に使いまわされました。しかし、その決まり文句の内実を誰も問うてはくれませんでしたし、二〇年前に『遠野物語』の研究を始めたとき、多くの人は実に冷ややかでした。しかし、ここには金の鉱脈があると確信したのです。

また、柳田国男を持ち上げる一方で、いつの頃からか、柳田国男の文章は翻訳できないという言葉が流通しはじめます。一文が長く、屈折した文体は日本的なものであり、なかなか翻訳できないと言うのですが、これも作られた神話であり、とても信じることはできません。そこには柳田を抱え込んで輸出したくないという思いがありありと見えるのではないかと感じられます。ところが、『柳田国男全集』を編集していると、周作人ばかりでなく、生前からさまざまな翻訳が作られていることがわかります。柳田自身が書いた文章に限定した『定本柳田国男集』で読んでいるかぎりは絶対に見えないことであり、ここにも限界が露呈しています。

例えば、ほとんど知られていませんが、仙台にいた戸田閑男《とだしずお》は『遠野物語』の英訳を作り、一九三七年（昭和一二年）、先生の土居光知《どいこうち》がイギリスに持って行きます。イギリス民俗学会で出版されることになりましたが、戦争で中断。戦後もそのことが話題になりますが、結局うまくいかず、一九八三年（昭和五八年）に「遠野物語拾遺」まで入れた英訳本が私家版として出ています。そんなことを考えてみても、決して閉ざされていなかったのですが、そうしたことも知らずに慌てて国際化時代を言うならば、まったく笑止千万なことです。

4　本文と頭注に見られるグローカルの視点

すでにいろいろなところに書いてきたことですが、もう少し『遠野物語』の内実をお話ししてみたいと思います。『遠野物語』には、神々や妖怪・精霊・亡霊、まったく何と名づけていいかわからないような存在が現れてくる話がたくさんあります。近代的な理性で考えると、実に不可思議な話が一一九話ほど記録されています。

佐々木喜善の話は訛りが強く聞きづらかったようですが、それを見事な擬古文に翻訳し、誰でも読める文章にしたのです。それだけでなく、柳田はそれぞれの話にところどころ頭注を付けて、自分の意見を述べています。土地の言葉は、「何をぢでは無いか、ぶつな」（六話）のような会話に見えますが、「何をぢ」「ぶつ」には頭注がありません。「ワッポロ」（四二話）のような片仮名表記の単語には、「ワッポロは上羽織のことなり」という頭注があります。これらは後に民俗語彙と呼ばれるようになる単語です。

興味深い頭注としては、アイヌ語に関する記述が散見します。一話には、「遠野郷のトーはもとアイヌ語の湖といふ語より出でたるなるべしナイもアイヌ語なり」とあります。遠野の地名の起源をアイヌ語に求めるのです。一四話には、「オシラサマは双神なりアイヌの中にも此神あること蝦夷風俗彙聞に見ゆ」とあります。オシラサマの神像の起源もアイヌに探ろうとしているのです。

一〇九話には、韓国が出てきます。「東国輿地勝覧に依れば韓国にて厲壇を必ず城の北方に作ること見ゆ共に玄武神の信仰より来れるなるべし」とあります。『東国輿地勝覧』という地理書を見ると、いろいろなところに厲壇の記述が出てきますが、みんな城の北に作っています。雨風祭の歌の中に、「北の方さ祭る」とあるのは、韓国と同じ玄武神の信仰に拠ると推定しているのです。こうした指摘には確かに乱暴な飛躍がありますが、思いついた推定を積極的に書き、話の向こうにアジアを見つめていたことがわかります。

二二話の頭注には、「マーテルリンクの「侵入者」を想ひ起さしむ」と出てきます。二二話は、佐々木喜善の曾祖母ミチが亡くなった通夜に、祖母ノヨと母イチの目の前を幽霊が通り、乱心のために離縁されていた曾祖母の娘が「おばあさんが来た」と叫んだという話です。曾祖母が死んだのは一八七六年(明治九年)ですから、『遠野物語』より三四年前の出来事で、佐々木が生まれる前のことです。これが佐々木家で伝えられ、『遠野物語』に入ったのです。

ベルギーの作家・メーテルリンクの「イントルダー」の中に、盲目の老爺が、一人娘が病床にあるとき、死神が入ってきたのを敏感に感じ取り、「何か家の内へ入つて来た」と言ったという場面があります。柳田は一九〇八年(明治四一年)四月の「読者より見たる自然派小説」でこの作品を紹介しています。佐々木に会う半年以上前のことですから、メーテルリンクを読んでいたことが佐々木の話を引き出す契機になったと考えられます。西洋の作品と東洋の説話との類似から、ユーラシア大陸を横断するように息づく魂の信仰を考えていたと思います。

二七話では、池の端の先代の主人が原台の淵の若い女に手紙を託され、途中で六部に出会って書き換えてもらい、物見山の沼の若い女のところに持って行って、小さな石臼をもらいます。その石臼に米粒を入れて回すと黄金が出るのですが、妻が欲深くて、一度にたくさんの米を入れると石臼は自ら回って、水の中に消えてしまったという話です。この家が池の端という屋号になった由来を語っています。

その頭注には、「此話に似たる物語西洋にもあり偶合にや」とあります。偶々一致するのだろうかという問いを発しています。一九一一年（明治四四年）一二月、「己が命の早使ひ」という後に『妖怪談義』（修道社、一九五六年）に入った文章を発表します。『遠野物語』を発表したとき、泉鏡花がそんな話はどこにでもあると批判したので、それに答えたのです。この話を引き合いに出して、国内から中国まで類話を拾いあげます。柳田は後に『日本昔話名彙』（日本放送出版協会、一九四八年）で、このタイプの話を「水の神の文使い」と呼びました。稲田浩二責任編集『日本昔話通観　研究篇1　日本昔話とモンゴロイド—昔話の比較記述—』（同朋舍、一九九三年）は、「水の神の文使い—書き換え型」とし、参考話はインドネシアやタイ、ネパール、インド、スリランカ、アフガニスタン、シベリアなどユーラシア大陸に広く分布します。

この「此話に似たる物語西洋にもあり」とする際に、柳田が念頭に置いていたのは、おそらく『グリム童話集』の「二九　金の髪の毛が三本ある鬼」ではないかと思います。先程「総索引」の限界を言いましたが、こうした記述は「グリム」で引いても拾えません。実は索引というのは不便なのであって、柳田国男研究はすでに索引を超えた段階まで来ているのです。こうしたことに対応するには、索引ではなく、新たな事典を考えるほうがいいのかもしれません。

この「二九　金の髪の毛が三本ある鬼」は、王様が「生まれた子が自分の娘のお姫様をお嫁さんにする」という占いを聞いて、その子をもらいうけて川に流すと、粉挽きの夫婦に拾われます。王様は成長した若者を見つけ、「この若者を殺せ」という手紙を妃に持って行かせます。若者は途中で泥棒屋敷に入り込み、その親分が「王女と結婚させろ」と手紙を書き換えます。その結果、この若者は占いの予言どおり、お姫様と結婚するという話です。手紙の書き換えというモチーフを含む話が、『グリム童話集』と遠野の伝説にあり、やはりユーラシア大陸を隔てて一致することに気づいたのです。しかし、「偶合にや」と考えるばかりで、『グリム童話集』に対する関心は薄かったと思います。

一九三五年の増補版では初版はそのまま残されますが、一九四八年（昭和二三年）の文芸春秋選書になると、こういった頭注はほとんど削除されてしまいます。開かれた『遠野物語』ではなく、「一国民俗学」にふさわしいテクストに作り変えられるのです。しかし、ここで見てきたように、アイヌ、韓国、メーテルリンク、西洋への関心が頭注には散見し、それは「此書を外国に在る人々に呈す」と響き合うことが確認できます。本文のローカルと頭注のグローバルが交錯するところに、『遠野物語』のテクストが生まれているのです。さらに言ってしまえば、後に柳田が考えたのも、「一国民俗学」か「比較民俗学」という二者択一ではなかったことをよく認識するべきでしょう。これまでの議論は問いの立て方そのものが間違っていたのではないかと考えられます。「一国民俗学」は評判が悪いのですが、それほど否定するようなものではありません。

5　比較民俗学の実践であった『昔話覚書』

やや話が飛躍しますが、ここで確認した『遠野物語』の問題を深めていくために、一九四三年（昭和一八年）の『昔話覚書』（三省堂）を取り上げてみます。この本は柳田国男の昔話研究では、一九三三年（昭和八年）の『桃太郎の誕生』（三省堂）が有名なのに比べると、あまり人気がありません。これまでこの本に注目した人は少なく、どちらかと言えば概論書のように言われてきました。

この時期、三省堂から「全国昔話記録」のシリーズが次々と出ています。『上閉伊郡昔話集』のように既刊の昔話集を再編集したものと、『紫波郡昔話集』のように新たに作ったものとに大きく分かれますが、「全国」と銘打ったように、日本の昔話の主要な記録をまとめておきたいと考えたのでしょう。これらが思いの外よく売れたようで、それに伴って出たのが『昔話覚書』だったのです。この本は「全国昔話記録」の達成と合わせて考えねばなりません。

その「自序」の冒頭で、「前集は主として国内の発達、いはゆる説話文学との交渉を説かうとしたものが多いに反して、この方は比隣の諸民族が持つて居るものと、どういふ関係に在るのかを考へるのに力を入れて居る」と述べています。「前集」というのは、一九三八年（昭和一三年）の『昔話と文学』（創元社）を指します。これが歴史研究だとすると、『昔話覚書』は近隣の諸民族が持っている昔話と日本の昔話の関係を考えた国際的な比較研究ということになります。

この記述から見れば、柳田国男は国際的な比較研究を「一国民俗学」の次の課題にしていたという見方は成り立たないことになります。柳田は「一国民俗学」を提言する一方で、自ら「比較民俗学」への歩みを始めているのです。この本がどちらかと言えば無視されてきたのは、柳田の遺産を「一国民俗学」に閉ざしたいという願望があったためではないかと思います。そうしたことも考えずに願望の尻馬に乗って、「一国民俗学」を超えて、と言えば新しいかのような印象を作ってきたのです。しかし、そうした論法が誤りであることは明らかでしょう。

この「自序」では、「今から百何十年も前にグリム兄弟が、独逸《ドイツ》の片田舎で聴き集めたもの、中にも、日本で我々の祖先たちが、楽しみ語つて居たのと先づ一つといつてよい話が、五十は安々と拾ひ上げられると謂つて居る人もある」と言います。こうしたグリム童話と日本昔話の比較対照を行っていたのは、田中梅吉《たなかうめきち》や関敬吾でしょうか。かけ離れた民族の間で説話の一致や類似があるのはなぜなのかという問いは、『遠野物語』からすでに芽生えていましたが、ここに来てこの問題が明確に浮上してきたのです。

一九三四年（昭和九年）の『民間伝承論』（共立社）に「第一章　一国民俗学」を置きました。この言葉は一九三二年の「食物と心臓」が初出だと言われ、それが『民間伝承論』で体系化したことになります。「一国民俗学」を提唱しながら、『昔話覚書』のような本を出すのは矛盾かと言えば、たぶんそうではありません。むしろ、「比較民俗学」を強く意識するところから「一国民俗学」は提唱されているのです。実際、『民間伝承論』には「第二章　殊俗誌の新使命」に「五　世界民俗学の実現へ」があって、合わせて考えるべき構造的な概念として存在することがわかります。

『昔話覚書』の初出は、『昔話と文学』発刊後の一九三九年（昭和一四年）から一九四二年（昭和一七年）に集中していることから見て、「一国民俗学」から「比較民俗学」の実験はすでに胎動しはじめていたことがわかります。繰り返しになりますが、「比較民俗学」は課題として託されたというようなものではなく、すでに一歩も二歩も歩きはじめているのです。「自序」に、「問題は大きく、人の一生はあまりにも短かい。すつかり集めて置いてから、さて愈々《いよいよ》研究に取りかゝるといふ様な順序には行かぬのである」と述べるとおりでしょう。『昔話覚書』は問題提起の本として読まれるべきです。

この本が奇妙なのは、最初の「昔話の発端と結び」で、昔話の形式を取り上げる点にあります。各地で昔話の発端と結末がどのようになっているかというのは、今では常識とも言えることですが、これは昔話の定義と関係します。その上で、「猿と蟹」「続かちかち山」「天の南瓜」「俵薬師」「峠の魚」「鯖大師」「片足脚絆」「食はぬ狼」「味噌買橋」といった論考を収めます。昔話の形式と比較研究がどう関わるのかが、大きな疑問として存在します。

実は、『昔話覚書』は、戦後、一九四六年（昭和二一年）に再版が出ています（三省堂）。「再版の序」が加わりますが、本文は「大東亜圏内」を「東方亜細亜」、「大東亜圏」を「東大陸」に書き改め、戦後の言葉に修正しています。戦時中に刊行された本でしたが、そうした言葉を一部修正するだけで、そのまま戦後に生きのびたのです。「再版の序」は、「昔話の研究はどこの国でも、今漸く半途に在り、又この世界の動乱によつて、足踏みをさせられて居るのであるが、未来の復興は或は早いかも知れない」と結んでいます。

この『昔話覚書』は一九五七年（昭和三二年）にさらに改版され、「改版序」と「追記」が加わります（修道社）。資料が増え、状況が変われば、改版しなければ意味がないと考えた本だったことがわかります。「改版序」では、「『昔話覚書』は、前の『昔話と文学』に対立して、彼は一国の昔話の文学になる以前といふものを考へてみようとした代りに、こちらは主として二つ以上の懸け離れた民族の間に、どうしてこの様な一致または類似があるのかを、考へてみようとした試みのつもりであつた」と述べます。これは先の「自序」の繰り返しですが、『昔話と文学』と『昔話覚書』はそれぞれ「一国民俗学」と「比較民俗学」の具体的な実践としてあった、と見るべきことがわかります。

しかも、そこでくどいように述べるのは「民話」という言葉に対する批判です。台頭する民話運動を意識してのことですが、「民話」のような漢語は伝承者の使わぬ言葉であり、それを採集に持ち込むことはないと考えていたのです。『昔話覚書』の冒頭に「昔話の発端と結び」を置いたのはかなり意識的だったはずです。採集と研究をつなぐ言葉として「昔話」を持ち出したのは、「一国民俗学」と「比較民俗学」の実践を意識していたからでしょう。それは日本というローカル（地域性）と世界というグローバル（国際性）の接点であり、まさにグローカル研究そのものと言えましょう。しかも、そうした方法を日本から発信しようとさえ考えたのだと思います。この本は概論書どころか、柳田国男にとって野心的な実践の書であったと見なければなりません。

6　柳田国男の著作に見え隠れする国際性

一九五七年の『昔話覚書』の「改版序」では、「これには勿論もつと多くの本を集めて、もつと綿密に読み比べてみなければならぬのに、大きな戦が始まつて外国書の輸入がとまり、自分も生活が煩はしくなつて、読書が意の如く進まなかつたので、それを口実にして中止してしまつたのだが、実は始めから、これは一人では覚束ない大事業であつた」と述べています。昔話の比較研究が挫折した理由とともに、共同研究の必要性を説いています。新たな研究体制が必要であることを痛感したのでしょう。

やがてこの本を受け止めて、「味噌買橋」を検証した櫻井美紀《さくらいみき》の『昔話と語りの現在』（久山社、一九九八年）がまとまったことは周知の通りです。この話は松村武雄《まつむらたけお》と水田光《みずたみつ》の翻案を元にして、口承世界に広がったことが分析され、柳田国男の問いに明快な回答を出しています。最近では、外国民話研究会編『猿蟹合戦とブレーメンの音楽隊―弱小連合、強きをくだく―』（日本民話の会、二〇一二年）が出て、「猿と蟹」について、韓国、中国、ベトナム、ドイツ、フランス、ポルトガル、ブラジル、イギリス、アイルランド、アメリカ、北欧の類話を検討しています。これは二〇名くらいの共同研究の成果です。こういったところに、柳田国男の遺志を受け継ぐ動きがあるのだと言っておきましょう。

また、一九六〇年（昭和三五年）の『改訂版　日本の昔話』（角川書店）の「昭和三十五年版の序」は、『昔話覚書』の「改版序」をつないだもので、最晩年の遺言と言っていい文章です。その末尾に、「日本の若い人たちはシンドレラの美しさを説こうとするが、これがわが国の米ぶくろ粟ぶくろと同じ話だということはまだ知らず、われわれの珍重するミス・コックスの大冊は知っている人でも、支那では九世紀に出た『酉陽雑俎』の中に、すでに同じ話が載せられていることを、まだ心づかぬ人ばかりが多いかと思う」と述べています。マリアン・コックスが一八九三年に著したシンデレラ研究は知っていても、南方熊楠《みなかたくまぐす》が指摘した『酉陽雑俎』を知らないというのです。日本人の昔話とその研究に対する関心が、西洋偏重、東洋軽視であることを批判するのです。

今日のテーマで言えば、実は『遠野物語』の一一八話には、「紅皿欠皿の話も遠野郷に行はる。只欠皿の方はその名をヌカボと云ふ。ヌカボは空穂のことなり。継母に悪まれたれど神の恵ありて、終に長者の妻になると云ふ話なり。エピソードには色々の絵様あり。折あらば詳しく書記すべし」とありました。柳田はシンデレラ型の昔話が遠野にあることを知っていました。実際、原稿用紙の裏に、それを鉛筆で書いたメモが残っています。しかし、「折あらば詳しく書記すべし」として、これを書くことを放棄します。もし書いていれば、日本にこのタイプの話があることの最初の報告になったはずです。「此書を外国に在る人々に呈す」からすれば、最も書かれるべき話だったと思われますが、そうならなかったことは十分考えるべき課題です。

そこには、やはり昔話への関心の薄さがあったようです。一九三一年(昭和六年)の佐々木喜善の『聴耳草紙』の「序」は後に『退読書歴』(書物展望社、一九三三年)に入った文章ですが、「遠野物語の中には、所謂「むかしむかし」が二つ出てゐるが、二つとも未だ採集の体裁をなしてゐなかつた。それが貴重な古い口頭記録の断片であるといふ事は、ずつと後になつて初めて我々が心づいたのである」と告白しています。「断片」であるにせよ、一一六話と一一七話が入ったのは、ひとえに「ヤマハヽ」(山姥)に対する関心の結果だったと思われます。昔話への関心はやがて佐々木喜善の刺激で始まりますが、柳田は佐々木を「蒐集家」と評価するだけでした。

むしろ、佐々木を評価したのは金田一京助です。佐々木は一九二六年(大正一五年)の『紫波郡昔話』(郷土研究社)の中に、「(八)糠福に米福」「(七三)糠袋朱皿」の二話を載せます。金田一は『北の人』(青磁社、一九三四年)で、フランスの「シンデレラ」やドイツの「灰かぶり」と同じ話が岩手県にあることを報告したと評価します。折口信夫が「グリム以上だ」と言ったことを引きながら、その記録が世界に通用することを認めたのです。

先に触れたように、『酉陽雑俎』にシンデレラと同じ話があることを指摘したのは南方熊楠でした。その論考は、一九一一年に「西暦九世紀の支那書に載せたるシンダレラ物語」として発表されています。副題に「異なれる民族間に存する類似古話の比較研究」とあります。南方は前年の一〇月四日に『遠野物語』を受け取り、六日に読んでいます。この論考で南方はいち早く比較研究の実例を提示したのですが、この話が取り上げられたのは、その時期から見て、『遠野物語』一一八話を読んだことが機縁になったかと思われます。

再び「昭和三十五年版の序」に戻れば、その末尾で、「われわれのこれから明らかにして行きたいことは、単にこういう昔話の一致ということだけではない。それよりもまず目の前のことを問題として、どうして遠い異国の端々に同じような話がちがう言葉をもって語り伝えられているかを考えなければならぬ」と述べます。「目の前のこと」というのは『遠野物語』の序文にある「目前の出来事」を受けています。「ちがう言葉」で「同じような話」が伝えられる不思議を解明するには、何よりも「目の前のこと」を問題にすべきだというのです。

昔話の国際的な比較研究と言えば、すぐに思い浮かぶのは話型やモチーフの比較ですが、柳田はそのことにあまり関心がなかったと思います。どうして「ちがう言葉」で「同じような話」が語り伝えられているのか、その理由こそ知らなければいけないというのです。「ちがう言葉」ということを痛感したのは、国際連盟委任統治委員でジュネーブに行った体験が大きかったのでしょう。やはり柳田の関心は昔話を語り伝える心意にあったと思いますが、ここに出された問題は、今も宙づりのままに放置されています。

柳田は、「やっぱり辛抱して近隣の老人の話を聴いて見ることを私は勧める」として、この序文を結びます。重要なのは、国際的な比較研究を進めるには日本の採集を熱心に行うことだとする点です。そこには、グローバル（国際性）を推進するためには、まずローカル（地域性）から始めるべきだという考えが見えます。この提言に反応したのが新潟県の水沢謙一《みずさわけんいち》でしょう。水沢は、柳田没後の一九六三年に『越後のシンデレラ―ぬかふく・こめふく―』（野島書店）をまとめています。新潟県のシンデレラ型の昔話を九四話集めたものですが、これは柳田に対する明快な回答だったはずです。実に優れた追悼です。

今日は、柳田の中に「比較民俗学」への視点が芽生えて深められたことについて、『遠野物語』と『昔話覚書』を挙げてお話ししました。しかし、柳田のテクストの本質は、日本を論じているようでありながら世界を意識し、世界を論じているようでありながら日本を意識しているところにあります。それは「一国民俗学」から「比較民俗学」へというような段階論では説明できません。今は「比較民俗学」の時代だと言って、アジアに調査を移している民俗学者がいますが、都市や現代に延命策を求めた延長にしか見えず、ダイナミックな成果が出ているようには思えません。

柳田の洋書体験の検証も重要ですが、むしろ、テクストのあちこちに散見する「外国」の事例をもっと丁寧に読む必要があります。「一国民俗学」として読む発想では余分なものに見えますが、そうした読み方が求められます。柳田国男が日本を考える場合に、どれだけ「外国」を意識して書いているかということは、見据えなければいけない重要な課題です。そうした読み方が進めば、「比較民俗学」への提言がすでにさまざまなかたちで始まっていることに気づくはずです。批判されるべきは柳田ではなく、私たちの読み方であると申し上げて、ひとまずこの話を終えたいと思います。

参考文献

・石井正己「『遠野物語』の文献学的研究」『口承文芸研究』第一六号、一九九三年
・石井正己「解題　遠野物語」『柳田国男全集　第二巻』筑摩書房、一九九七年
・石井正己「解題　昔話覚書」『柳田国男全集　第一三巻』筑摩書房、一九九八年
・石井正己「『定本柳田国男集』の功罪」『東京学芸大学紀要　第二部門　人文科学』第五一集、二〇〇〇年
・石井正己「世界史の中の『遠野物語』」『アジア遊学』第一三八号、二〇一〇年
・石井正己「柳田国男と説話研究」『説話文学研究』第四六号、二〇一一年

・石井正己「柳田国男」松居竜五・田村義也編『南方熊楠大事典』勉誠出版、二〇一二年
・石井正己「ネフスキーの功績――『遠野物語』と雑誌『土俗と伝説』」岩田重則編『グローバリズムの中の民俗学』東京学芸大学、二〇一二年
・石井正己『柳田国男を語る』岩田書院、二〇一二年

付記

本稿はその内容は、二〇一二年六月一六日に行った東京学芸大学フォーラム「柳田国男没50年を問う」の基調講演「国際化時代と柳田国男」とずいぶん重複があります。本稿と重複がある内容については、そちらが初出であることをお断りしておきます。(二〇一二年八月一二日)

(二〇一二年七月二八日、成城大学における講演)

追記

この後の柳田国男や『遠野物語』の研究については、石井正己『テクストとしての柳田国男』(三弥井書店、二〇一五年)、石井正己『柳田国男　遠野物語』(NHK出版、二〇一六年)などを参照してください。

昔話研究の未来をどう考えるか

―柳田国男『昔話覚書』から―

1 野村純一・敬子夫妻と関敬吾の関係

今日はプログラムにありますように「東アジアの昔話研究の歴史と未来」ですが、これまでを振り返りながら、どちらかというと「歴史」より「未来」に重点を置くことを考えて、半日を計画してみました。実は、今日講演を予定しておりました野村敬子《のむらけいこ》さんがしばらく前に体調を崩されて、「心配ない」というお話ですが、今日こちらに来られません。早く、「関三兄弟」というプリントを用意してくださいましたのに残念ですが、「皆様にお詫びかたがた気持ちを伝えてほしい」と承っております。

私が野村敬子さんの仮面を着けて、着物を着て出てくるというパフォーマンスも考えたのですが（笑い）、なかなかあの血気盛んな野村さんには叶わないと思って、今日は諦めました（笑い）。そこで、なぜ野村敬子さんに「関敬吾先生の思い出」というテーマでお話しいただくことを考えたかをご説明して、今日の入口にしたいと思います。

野村敬子さんのご主人は野村純一《のむらじゅんいち》さんで、先年お亡くなりになりましたけれども、戦後日本の昔話研究をリードしてきたおひとりです。昨年（二〇一三年）『野村純一著作集』（清文堂出版）全九巻が完結して、私も最終巻の「解説」を書いたり、『週刊読書人』に「書評」を書いたりしました。野村敬子さんは野村純一さんをすぐそばで見ながら、一緒に昔話研究を進めてきたところがあります。

しかし、二人のあり方は対照的で、野村敬子さんは大学のネットワークには所属せず、女性たちとの強いつながりの中で昔話を研究してきました。ご出身は山形県最上郡の真室川《まむろがわ》であり、最上地方に生きる「産室の語り」から「外国人花嫁の民話」まで研究しましたが、常にふるさとから目を離さず、定点観測の場所としてきました。

振り返れば、野村純一さんの昔話研究が大きく広がっていくきっかけに、関敬吾さんとの出会いがあったことは間違いないと思います。関さんとの出会いがなければ、私が言うのも変ですけれども、野村純一さんの仕事があそこまで大きく広がったかと言えば、いささか否定的にならざるをえません。師弟関係ではありませんから、人間の出会いというのはおもしろいものです。

一つめは、『日本昔話集成』（角川書店）を『日本昔話大成』（角川書店）に改訂増補してゆく際の協力です。『日本昔話集成』は使いにくいところがありましたが、『日本昔話大成』はずいぶん使いやすくなりました。二つめは、『関敬吾著作集』がそれと一緒に全九巻で同朋舎から出ています。主要な関さんの文章は、それによって目の前に見える形になりました。三つめは御夫婦の仕事ですけれども、『昔話伝説研究』第八号と第九号の二冊にまとめた「柳田国男『昔話名彙資料』（草稿）」の翻刻があります。

これは関さんが大事に保存してきた柳田国男のカードを紹介し、研究の基盤を明らかにするものです。そして、四つめに、『柳田國男未採択昔話聚稿』(瑞木書房)があります。これは柳田国男が「要らん」と言って×を付けた資料を関さんが大事に保管して、やがて野村さんがその価値を再評価したものです。柳田国男の手で切り捨てられた世界に重要な意味があることを明らかにした意義は大きいと思います。

この四つを取り上げてみるだけでも、特に一九七〇年代後半、関敬吾さんはもうお年を召した時期だったと思いますが、おふたりの関係が実り多いものであったことを思わずにいられません。そうした関係を傍らで見てきた野村敬子さんが、「関先生のことならぜひ話したいわ」とおっしゃったので、今日のこの企画になったわけです。

お手元にはプリントだけありますけれども、関敬吾さん、野村純一さんの写真があって、これについてのお話もなさりたかったと思うのです。報告書の文章は書いてくださるということですが、皆様の前で直接お話ししたいことがあると思いますので、「関敬吾先生の思い出」は来年度に取っておくことにしましょう。お元気になったときに快気祝いを兼ねた会を持ちますので、しばらくお待ちいただきたいと思います。後で今日の様子についてお電話を差し上げてお伝えしますので、なにとぞ野村敬子さんのお気持ちを汲んでいただければ幸いです。高い席からですが、お願い申し上げます。

初めに私が趣旨をお話ししますが、実は、野村敬子さが間をつないでくださって、関敬吾さんのご次男である関信夫《せきしのぶ》さんが来てくださっています。今日は、私どもがなかなか知り得ない家族が見た先生の人となりをお話ししてくださるということです。野村さんがご欠席なさったぶん、関さんには「たっぷりお話ししてください」とお願いいたしました。私の前座の後、「父関敬吾のこと」というタイトルで講演をしてくださいますので、楽しみにしてください。

2　柳田国男と関敬吾の豊かな協働と対立

二一世紀に入って、私どもはナショナリズムとグローバリズムの挟間で引き裂かれて、政治や経済はもちろん、学問でも苦労しています。グローバリズムが進むと、一方でナショナリズムが台頭してくるというような関係があるからです。そうした狭間にあって、昔話研究の未来をどう考えるかということについて、ご提案ができればと考えています。

柳田国男の用語の中に、「一国民俗学」という言葉があります。昭和の初年代に提唱した概念で、まず自分の国の民俗を研究しなければいけないと唱えて、日本の民間伝承の採集・整理・分類を促し、そこから新しい学問を作ろうとしました。それに対して、例えば、柳田国男の足元から育っていった石田《いしだ》英一郎《えいいちろう》は「比較民族学」という言葉を使います。

よく柳田国男と石田英一郎の対立ということが言われますが、この二人はとても良い緊張関係だったのではないか。石田英一郎ほど柳田国男の学問の成果を受け止めて、それを世界に押し広げて普遍化しようとした人は他にいないと思います。最近、「二つのミンゾク学」のように言いますが、「一国民俗学」と「比較民族学」は本当に対立なのでしょうか。

昔話研究で言えば、見事な関係を切り結んだのが柳田国男と関敬吾であることは、誰もが認めるでしょう。低級な対立ならいくらもありますが、お互いの業績に尊敬のまなざしを持ちながら、それでいて対立を辞さない、というようなことができる研究者は稀でしょう。理論が対立すると人間関係まで悪くなってしまうことは、いくらでも見られます（笑い）。私は、この二人に豊かな協働と対立を見ています。

二人が一緒にした仕事がいくつかありますけれども、例えば雑誌の『昔話研究』は一九三五年（昭和一〇年）から一九三七年（昭和一二年）に出ています。実質的な編集は関敬吾さんだったと思いますけれども、柳田国男は毎号寄稿し、それはやがて一九三八年（昭和一三年）の『昔話と文学』（創元社）や一九四七年（昭和二二年）の『口承文芸史考』（中央公論社）に収録されます。

しかし、戦後になると、二人の違いがより明確になってきます。柳田国男は一九四八年（昭和二三年）に『日本昔話名彙』（日本放送出版協会）を出し、「完形昔話」と「派生昔話」に分類し、国内で昔話がどのように発達してきたのかを明らかにしようとしました。まさに「一国民俗学」の指標による昔話の体系化だったと思います。

それに対して関敬吾は、一九五〇年（昭和二五年）から一九五八年（昭和三三年）にかけて、『日本昔話集成』全六巻を次々に出してゆきます。さらに、先ほど申し上げましたように、一九七八年（昭和五三年）から一九八〇年（昭和五五年）にかけて、『日本昔話大成』全一二巻が出ます。これに野村純一さんが協力したわけです。全六巻から全一二巻ですから、単純に言えば倍になったのです。その間の一九五〇年代から七〇年代にかけて、日本の昔話資料は膨大な量になっていったことがあります。

それまでは録音技術がなく、速記の使用も限られていた昔話採集・調査でしたが、特殊な技能を持たなくても、誰でも参加できるようになります。録音機を持って行って聞き、正確な昔話が記録できるようになったのです。出版社の後押しもあって、たくさんの昔話集が発刊されると、集成では物足りなくなって増補改訂の必要が生じ、より使いやすい大成に動いていったのだろうと思います。

その後、柳田国男の『日本昔話名彙』と関敬吾の『日本昔話大成』で言えば、私たちは、「一国民俗学」による柳田国男の名彙ではなく、グローバルスタンダードに押し上げた関敬吾の大成を選んだわけです。それは「一国昔話学」と「比較昔話学」の対立でしたが、研究は明らかに世界的な比較研究へ進もうとしていたのです。AT分類に則った「動物昔話」「本格昔話」「笑話」の三分類を採用して、世界に通用する昔話研究を目指すということで言えば、それは確かな選択だったと思います。

ただし、私たちは、国内の発達がどう進んだのかという問いかけをもって柳田国男が作った名彙も非常に魅力的で、なかなか見捨てがたいものがあります。話型を超えてゆくような昔話のダイナミックな動態は、AT分類ではなかなか見えてこないからです。二者択一で考えるのではなく、この二人の対立をこれからの時代に生かしてゆくことを模索する必要があるのではないかと思います。

3　国際的な比較研究を目指した『昔話覚書』

柳田国男の没五〇年（二〇一二年）に成城大学でシンポジウムがあって、「柳田国男とグローカル研究」というお話をしましたが、これは『現代思想』の一〇月臨時増刊号に載っています。今日はその話の続きのお話をすることになります。

ここに取り上げる柳田国男の『昔話覚書』（三省堂）は、民俗学や昔話研究ではあまり評価されていないように思います。一九三三年（昭和八年）の『桃太郎の誕生』（三省堂）や先の『昔話と文学』からすると、毛嫌いされてきたのではないかと感じます。しかし、私は『昔話覚書』はとても良い本だとかねてから思っているのです。そのことをご説明したいと思います。

今日は便利な『柳田国男全集』を使いますが、一九四三年（昭和一八年）四月に『昔話覚書』の初版が出て、そのあと一九四六年（昭和二一年、三省堂）、そして、一九五七年（昭和三二年、修道社）に改版が出ていますから、一冊の本が戦争をまたいで成長したことになります。

この本は最初に「昔話の発端と結び」という書き下ろしがあります。「昔話」というのは「むかしむかし」と始まって、最後は「どんどはれ」「とーびんと」のように地域によって違いがありますが、これで終わりということを示す言葉で終わります。「昔話」は始まりと終わりに一定の形式を踏んだ話であると定義して使ってゆくのです。

その後には、「猿と蟹」に始まり、「続かちかち山」「天の南瓜」「俵薬師」「鯖大師」などを経て、「味噌買橋」まで並びます。初出を見ると、一九三九年（昭和一四年）から一九四二年（昭和一七年）にかけての論考を収録していることがわかります。その後に昔話集の序文があり、最後に「昔話解説」という一九二八年（昭和三年）の文章が置いてあります。

全集でこの「解題」を書いているときにも、奇妙な感じがしたのですが、最初の「昔話の発端と結び」と最後の「昔話解説」を挟むようにして、「猿と蟹」から「味噌買橋」に至る国際的な昔話の比較研究が並びます。私の理解では、この本は、「昔話」という日本の言葉を使って、国際的な比較研究ができるということを提案したかったのではないかと考えています。

柳田国男は佐々木喜善と一緒に、一九二二年（大正一一年）の『江刺郡昔話』（郷土研究社）で「昔話」という言葉を採用します。採集に行って「昔話」を頼めば聞くことができるし、書斎の研究でも「昔話」という言葉を使うことができると考えました。つまり、屋外の採集と室内の研究が「昔話」という言葉で結びつけられると考えたのです。大それたことだと思いますが、日本の言葉を使って国際的な研究をしてみたいというのが、柳田の野望だったと思います。『昔話覚書』には、日本から輸出できる昔話研究とは何かというような、高い志が秘められているのではないでしょうか。

「自序」を見ますと、「全国昔話記録の、次々に世に出るやうになつた歓びを記念すべく、あれこれ書き散らしてあつた小文を取りまとめて、又一冊の本をこしらへて置くことにした。前集は主として国内の発達、いはゆる説話文学との交渉を説かうとしたものが多いに反して、この方は比隣の諸民族がもつて居るものと、どういふ関係に在るのかを考へるのに力を入れて居るが、是は私のやうな時間の不足な者には、容易に進めさうにもない遠い険しい路である」と始まります。

柳田国男編「全国昔話記録」（三省堂）は、一九四二年から一九四四年（昭和一九年）にかけて次々と一三冊が次のように出ています。

・一九四二年七月　『磐城昔話集』『佐渡島昔話集』『島原半島昔話集』

・一九四二年一二月　『紫波郡昔話集』

・一九四三年一月　『阿波祖谷山昔話集』『喜界島昔話集』

・一九四三年一二月　『直入郡昔話集』『上閉伊郡昔話集』『南蒲原郡昔話集』『壱岐島昔話集』『御津郡昔話集』

・一九四四年三月　『讃岐佐柳志々島昔話集』『甑島昔話集』

これは、昔話集を「全国」規模で組織した初めてのシリーズだったと思います。その中には、既刊の昔話集を編み直したものと新しく編んだものが寄せ集められています。例えば、『島原半島昔話集』は関敬吾が書いたものです。もとは一九三五年の『島原半島民話集』（建設社）です。これが「全国昔話記録」で再編されて、『島原半島昔話集』になったのです。

柳田国男は、今申し上げましたように、「昔話」という言葉を採り、「民話」という言葉を嫌いました。当初の書名を変えても、「昔話」に全部統一しながらシリーズ化していったのです。ですから、関さんは「民話」を使いましたが、柳田国男によって強引に「昔話」に置き換えられ、シリーズとして均一化されたと考えられます。

そうした作業を経たシリーズ化によって、一部の研究者だけではなく、一般の人々が昔話を知る機会が提供されたはずです。北は岩手県上閉伊郡から南は鹿児島県喜界島までの一三冊ですが、「全国」を見渡すことができるシリーズができた意義は大きかったと思います。この「全国昔話記録」が出はじめたことが、『昔話覚書』発刊の機縁になりました。

その前に出した「国内の発達、いわゆる説話文学との交渉」を説いたというのが、一九三八年の『昔話と文学』です。それは、日本昔話の歴史研究であり、「一国民俗学」を体現したものです。それに対して、『昔話覚書』は、「比隣の諸民族がもつて居るものと、どういふ関係に在るのかを考へるのに力を入れて居る」と説明しました。これは日本昔話の比較研究と言っていいでしょう。

柳田国男は「一国民俗学」から将来、「世界民俗学」を目指していたという考え方があります。「一国民俗学」が窮屈になって、柳田批判の標的のようになっていますが、「世界民俗学」は未来の課題だったのでしょうか。私はたぶんそうではなくて、もっと両者の並行関係を考えるべきではないかと思っています。一方で採集整理を提唱しておきながら、自分ではぬけぬけと比較研究をやってゆくというところが、柳田国男には見られると思います。

例えば、一九六一年（昭和三六年）の『海上の道』（筑摩書房）にしても、「一国民俗学」と言えるような本でないことは明らかです。けれども、この五〇年間の柳田国男研究では、柳田国男を「一国民俗学」の学者に固定化して考えたがる癖が染み付いています。柳田国男の中にあった世界的な比較研究へのまなざしを認めたくなかったのではないかと感じられます。そういう考え方からすれば、『昔話覚書』は人気がなかったのだと思います。しかし、私にとって、この本は幾重にも魅力的です。

4　柳田国男の比較昔話学と櫻井美紀の反論

また、「自序」には、「西洋の学者の今までの研究は、多くは印度以西の古い交通路上の資料で、近頃やつと少しづつ、世界の他の隅々の調査が始まつたのだが、それも偶然の機縁といふほどのもので、たとへば大東亜圏内の諸民族などでは、たゞ昔話が必ず有るといふことを知るだけで、採集はまだ少なくともあまり公表せられて居ない」とします。ここでは、「大東亜圏内」という言葉を使って、近隣地域の調査を刺激しようとしています。

そして、「問題は大きく、人の一生はあまりにも短かい。すつかり集めて置いてから、さて愈々研究に取りかゝるといふ様な順序では行かぬのである」と述べます。柳田は研究が出ることによって、採集や調査が刺激されると考えていたはずです。従って、資料が「すつかり集め」られたわけではありませんでしたが、やや無理を承知で一歩を踏み出すことで、新たな問題提起をしようとしたように思います。

おもしろいのは、この「大東亜圏内」というのが戦後の一九四六年版になると「東方亜細亜」という言葉に置き換えられることです。全集の「解題」にも書いておきましたけれども、この後ろには「大東亜圏」という言葉が出てきますが、これも「東大陸」という言葉に置き換えられます。同じ本ですが、戦後になるとふさわしい言葉に置き換えられて生き延びてきたのです。

また、「今から百何十年も前にグリム兄弟が、独逸の片田舎で聴き集めたものゝ中にも、日本で我々の祖先たちが、楽しみ語つて居たのと先づ一つといってよい話が、五十は安々と拾ひ上げられると謂つて居る人もある」と述べます。グリム童話と一致する話が五〇くらいあるというのは、田中梅吉や関敬吾などの意見を取り入れての見解でしょう。それだけグリム童話と日本の昔話に共通性が高いのは、「全く我々の知らない原因があるのだ」と考えなければならないと言うのです。

これは、非常に難しい問いを私たちに残していますます。例えば、グリム童話と日本の昔話を比べ、「どのように似ていて、どのように違うか」ということを考えます。しかし、柳田国男が考えているのは、そうではなくて、「なぜ似ていて、なぜ違うか」というもう一歩踏み込んだ問いかけです。これに答えようとすると、たぶんこうだったのではないかと無理して言わなければなりません。

例えば、「味噌買橋」で言うと、柳田国男が出した問いかけに対して、亡くなった櫻井美紀さんが「大工と鬼六」に次いで取り上げ、大正期の翻案によって日本にもたらされたのだということを明快に言ったわけです。なぜ「大工と鬼六」が西洋の話と似ているのかということは翻案を介すれば見事に説明できるし、「味噌買橋」もそうだとしたのです。櫻井さんは、柳田国男の問いかけに対して、「いや、そうではありません」と反論して、動かない解答を出したのです。

そのようにもう動かない答えが明快に出ればいいのですが、それはなかなか難しいところがあります。けれども、「どのように似たり、違ったりしているのか」ではなくて、「なぜ似たり、違ったりしているのか」という本質的な問いは、なかなか手が届かないかもしれませんが、「比較昔話学」の目指すべき究極の目標でしょう。

そもそも国が違う、民族が違う、言語が違うのに、奇妙な一致がなぜ起こったのか。「果してどういふ手順を重ね、又はどれ程の年月をかけたら、斯ういふ不思議が実現し得るものか。我々にはまだ之を明かにする方法は立つて居ない」と述べます。柳田自身、とてももどかしい思いの中で『昔話覚書』を出したことがわかります。しかし、批判を恐れずに問題提起を述べる本はすばらしいと思いますし、私自身が書いてみたいのはこうした本です。

この『昔話覚書』には、どうやって世界的な比較研究に踏み出そうかというときの、柳田国男の心構えがよく出ています。「自序」の結びは次のようになっています。

全国昔話記録の個々の事業なども、今まで無いも同然であつた国民生活の一面を、知り且つ検査し得る状況に置いたといふだけで、もう一つの功労だつたとは言へるであろうが、それよりも更に大切なことは無意識の間に、この人類の過去にとつて最も興味の深い事績を、国の学者の創意によつて、判別し又解説するといふ事業の最初の推進となつて居るのである。勿論昔話の国内に於ける発達を、細かに見て行くといふこともよい学問であらうが、是と併行して日本と四囲の諸民族との心の繋がり、もしくは精神生活の帰趨ともいふべきものが、下に隠れてどれだけの一致を具へて居たかといふことを、見つけ出さうとする努力も軽んじてはならぬ。

「昔話の国内に於ける発達を、細かに見て行くといふこと」というのは、「一国民俗学」にもとづく昔話研究のことであり、「日本と四囲の諸民族との心の繋がり、もしくは精神生活の帰趨ともいふべきものが、下に隠れてどれだけの一致を具へて居たかといふこと」は、「比較民俗学」にもとづく昔話研究のことです。その際に、両者の関係を「併行して」と言っているのが大事だと思います。昔話の国内の発達と「併行して」、周辺諸民族との関係を考えるべきだというのです。これは、「一国民俗学」から「世界民俗学」へという段階を踏むような発想ではありません。従って、柳田国男を「一国民俗学」に限定するのは誤りだということになります。

しかも、重要なのは、「心の繋がり」や「精神生活の帰趨」を見つけ出そうとする点です。柳田にとっての昔話というのはそれ自体に魅力があるというより、日本人の「心」や「精神生活」を知るための素材であると考えていたように思います。柳田が昔話にあれほどの情熱を注いだのは、自分の方法を鍛え上げるための最も重要な場所だったからにちがいありません。

5　柳田国男が唱えた共同研究の必要性

先ほども申し上げましたように、『昔話覚書』は戦後、一九四六年版が出ます。「再版の序」は、「三省堂の全国昔話記録が、戦時中にも拘らず飛ぶやうに売れてしまひ、その一部は確かに外地に滞留する同胞の手に渡つて居ることを知つて、私はや、美し過ぎるといつてもよい夢を、胸のうちに描いて居た」と始まります。「全国昔話記録」が飛ぶように売れた需要には、外地で暮らす日本人に昔話集を送るということがあったのです。

一九五七年版の「改版序」は、さらに細かく書いています。「国の隅々に行渡つて、あの頃最も盛んであつたのは、いはゆる慰問袋の蒐集と輸送で、これには専ら女性が参与して居り、その心を籠めた数々の物品の中には、大抵一冊か二冊の本がまじつて居た。私たちの昔話集も戦地で読んでみたといふ通信は受けたことがないが、少なくともある部数、海を渡つて行つたことは確かであつて、それは結局焼いたり破つたり、無いも同然に帰したのであらうけれども、さうは思へないでなほ当分の間、極めて稀有なる幾つかの場合を空想して、その終局の効果を待つやうな気持が抑へられなかつたのである」と述べます。野村敬子さんはこのことにすごくこだわっていて、また改めてお話ししてくださると思いますけれども、「全国昔話記録」の需要の中に慰問袋の中に入れて送るということがあったのです。戦地にいる兵士にふるさとの昔話集を届けたのです。

実際、戦地で語られた昔話のことは、例えば、山形県の新田小太郎《にったこたろう》さんのことを渡部豊子《わたべとよこ》さんが書いています。戦場で男たちが次々とふるさとの昔話を語って心を慰めたというようなことが、新田小太郎さんの証言に出てきます。戦争中の昔話の働きに関する極めて重要な問題に、柳田国男も突き当たっていたのだろうと思います。

一方、戦後になってこの改版を出したきっかけには、「水沢君等の活躍が始まつた」とあり、新潟県の水沢謙一の活躍があったと思います。末尾には「近頃は又田畑英勝君などが若干の例を附加して居る」として、奄美の田畑英勝《たばたえいしょう》の名前も挙げています。そういった人たちの活躍で、戦後も「まだ〱昔話の元あつた姿が、見つけ得られるといふ希望」を抱いたのです。

そして、このように述べます。

『昔話覚書』は、前の『昔話と文学』に対立して、彼は一国の文学の文字になる以前といふものを考へてみようとした代りに、こちらは主として二つ以上の懸け離れた民族の間に、どうしてこの様な一致又は類似があるのかを、考へてみようとした試みのつもりであつた。これは勿論もつと多くの本を集めて、もつと綿密に読み比べてみなければならぬのに、大きな戦が始まつて外国書の輸入がとまり、自分も生活が煩はしくなつて、読書が意の如く進まなかつたので、それを口実にして中止してしまつたのだが、実は始めから、これは一人では覚束ない大事業であつた。

初版の「自序」を繰り返しながら、戦中の挫折を述べています。大事なのは、「実は始めから、これは一人では覚束ない大事業であつた」という点です。つまり、二つ以上の民族の間にどうして昔話の一致や類似があるのかを考えてみるには、共同研究が必要だと言っているのです。南方熊楠は一人でたくさんの言葉が使えたと言いますが、そうした天才を除けば、国家・民族・言語の違いを乗り越える国際的な比較研究は、一人ではできません。

例えば、日本民話の会の外国民話研究会は、まさに一人では覚束ない事業を共同で進めてきました。三弥井書店からテーマ別に資料集が刊行されていますし、話型研究は雑誌の特集号にまとめています。外国民話研究会の方々がどの程度意識しているかは聞いたことがありませんが、この共同研究は柳田国男が言っていたことを引き受けているように見えます。

6　柳田国男の警戒感と関敬吾の影響力

もうそろそろ区切りにしなければいけませんが、その後には、「民話」という言葉への批判が出てきます。木下順二・宮本常一・吉沢和夫《よしざわかずお》、いろいろな人たちが関わった雑誌『民話』が出るのは、『昔話覚書』の一九五七年版よりやや後れて、一九五八年です。しかし、すでにその雰囲気は十分あったのでしょう、柳田には「民話」という言葉に対する警戒感がすごくあったと思います。

なぜ「民話」がだめかと言うと、それでは「成るだけ元の形で聴いて置かう」とするのに不適切だったからです。そして、「民話」に対する批判のとどめをさすように、「民話などといふ新語を平気で使つて、これでももとの姿が説明し得られるなど、思つて居る人たちに、成るべく遠くの方から見て居てもらはぬと、久しく東海に孤存して居た日本島群の、固有の文化史的使命といふものが果せないかもしれない」と締め括りました。「もとの姿」を知ることによって、「固有の文化史的使命」を明らかにするには、「民話」という言葉はふさわしくなかったのです。

この「改版序」は、柳田は一九六二年（昭和三七年）に亡くなりますから、亡くなる五年前の遺言のようにして残した言葉の一つだったと思います。「民話」という言葉にしても、関敬吾さんが使った場合、今使っている場合、それぞれ意味にずれがあるように思います。『昔話覚書』は、柳田国男がそうした批判を込めて、未熟ながらも積極的に踏み出した成果を未来につなげようと思って改版したことは間違いありません。

冒頭に申し上げましたように、「東アジア」という地域を考えるときに、日本に限らず、韓国・中国それぞれのナショナリズムが台頭し、また一方ではグローバリズムの大きな力がかかっていることは無視できません。政治や経済だけでなく、学問も例外にはなりません。そうした引き裂かれた構造を克服してゆくには、「中間領域」が必要なのではないかと思います。

ヨーロッパではEUが経済的にそうした役割を持っていますが、経済だけでなく、学問の問題として考える必要があります。東アジア、特に日韓中の共同研究は各方面で盛んに行われていますが、もっと活力のある活動にしてゆけば、ナショナリズムとグローバリズムに引き裂かれた構造を克服してゆくための「中間領域」になるのではないかと思っているわけです。

そのときにまず第一に大きな障害になるのが言語の差です。日本語・韓国語・中国語の違いをどのように超えてゆくのかという課題があります。それを壁と見て後ずさりするのか、むしろ、乗り越えるべき目標と考えるのかは大きな違いでしょう。単なる共同研究ではなく、それぞれが違いを調整してゆくような創造的な能力が問われている時代だろうと思います。

関敬吾の『日本昔話集成』『日本昔話大成』が東アジアのグローバルスタンダードになったのは、簡単に言えばAT分類を採用したからです。アールネ・トンプソンの分類から見てゆくと、日本の昔話がこう見えるということを示した意義は絶大でした。東アジアの外側には、グローバリズムに支えられた英語圏の研究があり、もう一つ大きな言葉の壁があることを考えずにはいられません。昔話研究を世界に発信するには、英語で資料を作り、論文を発表しなければならないという現実があります。

柳田国男は、「昔話」という言葉を使って、この国の学問が輸出できるのではないかと考えていたと思います。しかし、実際には、韓国や中国の昔話研究、特に昔話の分類方法で影響を与えたのは関敬吾です。韓国では崔仁鶴《チェインハク》さんが影響を受け、中国では関敬吾の『日本民間故事選』という翻訳も二種出ています（中国民間文芸出版社、一九八二年、上海文芸出版、一九八三年）。アジアに輸出されてきた日本の昔話研究ということで言えば、柳田国男より、むしろ関敬吾だったのではないかと思います。私たちはそのあたりを視野に入れながら、東アジアの昔話研究を考えてみる必要があります。

初めから取り留めもないお話になりましたけれども、野村敬子さんの補いになったかどうかわかりません。今この辺で、「あなた、足りない」みたいな声が聞こえてきそうですけれども（笑い）、野村さんの席はまた別の機会に用意しますので、そこにつながる私の前座はこのくらいにしておきたいと思います。

（二〇一四年二月一日、東京学芸大学フォーラムにおける講演）

参考文献

・石井正己「解題　昔話覚書」『柳田国男全集　第一三巻』筑摩書房、一九九八年
・石井正己「柳田国男とグローカル研究」『現代思想』第四〇巻第一二号、二〇一二年
・櫻井美紀『昔話と語りの現在』久山社、一九九八年
・野村純一監修、井上幸弘・野村敬子編『やまがた絆語り』星の環会、二〇〇六年
・渡部豊子編『大地に刻みたい五人の証言』私家版、二〇一〇年

昔話研究の現状と展望

【要旨】　二〇世紀における日本の昔話研究は、採集の記録とタイプ・インデックスの作成に費やされた。急速な文明化が進む中で、柳田国男は昔話が消滅する前に記録しなければならないことを説き、全国の同志が賛同した。やがて集まった記録をもとに、二〇世紀半ばからタイプ・インデックスが作成される。柳田国男監修の『日本昔話名彙』を嚆矢として、関敬吾の『日本昔話集成』全六巻が出たが、録音機の普及によって国内の昔話資料が増え、『日本昔話大成』全一二巻に成長した。稲田浩二・小沢俊夫責任編集の『日本昔話通観』全二九巻と研究篇二巻が出て、『日本昔話通観　研究篇1　日本昔話とモンゴロイド』と『日本昔話通観　研究篇2　日本昔話と古典』は、共時的研究と通時的研究を国際的に進めるための基盤を用意した。

それらを踏まえて二〇世紀末から始まった昔話研究は、新たな歩みを始めている。柳田国男がじみじみと述べていたように、昔話の国際的な比較研究は一人でできる事業ではなかった。例えば、日本民話の会の外国民話研究会はテーマ別の編集による資料集の編訳を進め、『世界の愚か村話』『世界の太陽と月と星の民話』『世界の妖怪たち』『世界の犬の民話』『世界の猫の民話』などを発行し、今では世界各地を網羅できるようになってきた。その傍らでさらに踏み込んだ比較研究を行い、「三つの質問をあずかる旅」「猿蟹合戦とブレーメンの音楽隊」の「話群研究」を押し進めている。従来のヨーロッパ中心の研究をグローバル研究のレベルに押し上げようとした意義は大きい。

一方、これまで柳田国男をはじめとする研究者は、昔話は消滅するものだと考えたが、それを語り伝える語り手の中から、未来に昔話を語り継ぎたいという動きが起こっている。家庭で語られなくなった昔話を観光や教育の場に引き出して活用しはじめている。そうした動向を見ながら石井正己は、昔話を現代社会が直面する諸課題に向き合うために生かせないものかと考えて、フォーラムを実施してきた。これまでに『子どもに昔話を！』『昔話を語る女性たち』『昔話と絵本』『昔話にまなぶ環境』『震災と語り』『子守唄と民話』などを発行し、広く迎えられた。女性の作家や研究者・語り手の参加を促しつつ、昔話の研究や継承の状況を大きく変えつつある。

また、日本の昔話研究の歩みを回顧するとき、柳田国男や関敬吾は、帝国日本が台湾・朝鮮・南洋群島・満洲などの植民地・占領地で行った採集や研究についてはほとんど言及することがなかった。しかし、石井正己は国際化と情報化が進む時代にあって、植民地時代を検証することなく、今後の研究が展望できるとは考えられなくなった。各地をテーマにしたフォーラムを実施し、『台湾昔話の研究と継承』『韓国と日本をむすぶ昔話』『南洋群島の昔話と教育』『帝国日本の昔話・教育・教科書』などを発行した。海外の研究者を積極的に招聘し、持続的な学術交流を進めている。

今、日本の昔話研究は大きな世代交替の時期を迎えている。東アジアで言えば、東京都立大学出身の研究者を母胎にした中国民話の会が解散したが、一方では天理大学と同志社大学の関係者で組織した日韓比較文学研究会が活動を始め、『韓国口碑文学大系』の翻訳を連載している。そうした個別の動きはあるものの、まとまった成果がなかなか出せない中で、例えば、日中韓子ども童話交流事業実行委員会企画の『日本・中国・韓国の昔話集』全三巻は注目するべき成果であろう。子ども向けの昔話絵本だが、学者・作家・画家が行った共同研究のモデルであり、三カ国の昔話の相互理解に役立つ。

思えば、中国・韓国・日本の研究状況には微妙な違いがあるが、同時代を歩む事実は重く、その違いを乗り越えて東アジアの昔話を共同で考えてゆく体制作りが急務である。相互に講演やシンポジウム・研究発表に参加することはもちろん、各国の学会が大会や例会を他国で開催するようにして学術交流を図ることが求められる。昔話を専門家の独占にせず、民俗学・人類学・国文学・歴史学・教育学・心理学・児童学等の諸学問が交流する出会いの場にしてゆく必要もある。ナショナリズムとグローバリズムがせめぎ合う状況にあって、人類史的な研究対象として最も意義を持つ昔話の再評価が望まれる。

1　柳田国男・関敬吾以後のタイプ・インデックス

日本の伝統的な暮らしは、「桃太郎」の冒頭にあるように、お爺さんは山に柴刈りに行き、お婆さんは川に洗濯に行くというように続いてきました。やがて文明開化に伴って西洋の文物が入り、ガス・水道・電気が普及し、さらにテレビ・洗濯機・電気冷蔵庫も一般的になってきました。すると、それまでの囲炉裏を囲んで昔話を語り聞くという機会はどんどんなくなっていったのです。文明化が進む中で、柳田国男は昔話が消滅する前に記録に残さなければならないことを説き、全国の同志がこれに賛同しました。研究の前提となる採集の記録を残すことが急務であるという認識が生まれたのです。

その結果、二〇世紀における日本の昔話研究は、採集の記録とタイプ・インデックスの作成に費やされました。一九四八年（昭和二三年）、柳田国男は監修で『日本昔話名彙』を日本放送出版協会から発行しました。一国民俗学による昔話発生論に立って、「完形昔話」「派生昔話」の二分類を採用し、初めて日本の昔話を体系化したのです。

しかし、ほとんど間を置かず、一九五〇年（昭和二五年）から五八年（昭和三三年）、関敬吾は『日本昔話集成』全六巻を角川書店から発行します。ヨーロッパの理論を応用して国際的な比較研究を進めようと、「動物昔話」「本格昔話」「笑話」の三分類を採用し、AT分類と対照させながら日本の昔話研究を国際化したのです。その後、録音機の普及によって国内の昔話資料の量がおびただしく増えたため、関敬吾は野村純一の協力を得て、一九七八年（昭和五三年）から八〇年（昭和五五年）、『日本昔話大成』全一二巻を角川書店から発行します。

その後、タイプ・インデックスとしては、一九七七年（昭和五二年）から九八年（平成一〇年）、稲田浩二・小沢俊夫は責任編集で『日本昔話通観』全二九巻と研究篇二巻を発行しました。これは北海道から沖縄まで都道府県単位で各巻を構成し、各巻は「むかし語り」「笑い話」「動物昔話」の三分類を採用しました。各地の稿本資料まで掘り起こして丁寧に概略を載せ、昔話の集大成が実現したのです。しかし、各巻の実質的な担当者が異なるための微妙な差異が生じ、タイプ・インデックスと総合索引で調整せざるを得なかったことも否めません。

『日本昔話通観』は各巻を都道府県単位で構成したので、地域ごとに調べるには便利ですが、話型を見るには各巻を「動物昔話」「本格昔話」「笑話」で構成した『日本昔話大成』の方が使い勝手がいいところがあります。また、『日本昔話大成』は「桃の子太郎」だけを立てましたが、例えば、『日本昔話通観 3 岩手』(一九八五年)では、「桃太郎」を「鬼退治型」「鬼の目玉型」「猿蟹合戦型」「村救い型」「地獄行き型」のようにサブタイプに下位分類しました。より緻密な分類が可能になったということができますが、細分化された結果、話型を超えるような研究が生まれにくくなっているかもしれません。

研究篇は、『日本昔話通観　研究篇1　日本昔話とモンゴロイド—昔話の比較記述—』(一九九三年)と『日本昔話通観　研究篇2　日本昔話と古典』(一九九八年)からなります。前者は世界に広がる共時的資料と対照し、後者は世界に広がる通時的資料と対照しています。「編集趣旨」に拠れば、前者は「従来の大局的にみて欧米中心のタイプ・インデックスおよびモチーフ・インデックスに対して、アジア・モンゴロイドに視座をおくタイプ・インデックスとモチーフ・インデックスの作成を期待する一つの布石になればまことに幸せである」と述べ、後者は「日本の昔話の通時的研究に資する目的で、国書と外書にわたって、古典の内容で日本昔話のタイプおよびその重要モチーフと対応関係の認められる部分を摘出し、その対応の程度に応じて記述することにある」と述べました。例えば「桃太郎」ならば、前者は中国の九例を引き、後者は国書の類話五例、対応話二例、参考話五例、外書の参考話三例を引くといった具合です。

2　外国民話研究会が重ねてきた共同作業

柳田国男がじみじみと述べていたように、昔話の国際的な比較研究は一人でできる事業ではありません。各国ごとの個別研究はともかく、国家を超えた共同研究はなかなか実現できませんでしたが、日本民話の会の外国民話研究会が毎月一度の例会を続け、二〇世紀末からテーマ別の編集による資料集の編訳を三弥井書店から次のように発刊しています。

・『世界の愚か村話』（一九九五年）
・『世界の太陽と月と星の民話』（一九九七年）
・『世界の妖怪たち』（一九九九年）
・『世界の魔女と幽霊』（一九九九年）
・『世界の運命と予言の民話』（二〇〇二年）
・『世界の鳥の民話』（二〇〇四年）
・『世界の花と草木の民話』（二〇〇六年）
・『世界の犬の民話』（二〇〇九年、のちに筑摩書房、二〇一七年）

・『世界の猫の民話』（二〇一〇年、のちに筑摩書房、二〇一七年）
・『［新装改訂版］世界の太陽と月と星の民話』（二〇一三年）
・『世界の水の民話』（二〇一八年）

このシリーズの執筆者はほとんどが女性であり、当初の『世界の愚か村話』は一三人による一一カ国で始まりましたが、『［新装改訂版］世界の太陽と月と星の民話』は二八人で、アイヌ・アメリカ・アラスカ・アルゼンチン・アルメニア・インド・カナダ・イタリア・ウクライナ・オーストラリア・カザフスタン・韓国・キルギスタン・コーカサス・スイス・スーダン・スウェーデン・スリランカ・台湾・中国・ドイツ・フランス・ブラジル・ブルガリア・ベトナム・ポルトガル・リトアニア・ルーマニア・ロシアをカバーしています。

発端となった『世界の愚か村話』の「あとがき」で、剣持弘子《けんもちひろこ》さんは次のように述べています。

日本の昔話を外国の昔話とくらべることは、昔話研究者だけでなく、一般の昔話愛好者にとっても興味深いことです。私たちは各自が抱え込んでいる膨大な世界の昔話資料を、どのような形で読者に供することができるか、いろいろ考えてきましたが、その一つの方法として、このグループの特色を生かして、テーマ別に各国の昔話を集めてみることにしました。同じテーマで各国の昔話を並べてみると、それぞれの特徴がいっそうはっきりするのではないかと思われたからです。

このシリーズは、「愚か村話」に限らず、世界に広がる昔話を貫くテーマを決めて、それに沿った事例を各会員が専門とする地域資料から翻訳し、それらを集積してゆく作業を行いました。確かに、「同じテーマで各国の昔話を並べてみると、それぞれの特徴がいっそうはっきりする」という結果を得ることができます。個別の話型で集めるのではなく、テーマという枠組みで集めることで比較研究への可能性を広げようとしたと言えましょう。

一方、外国民話研究会ではさらに踏み込んだ比較研究を行い、『聴く 語る 創る』に、「三つの質問をあずかる旅―世界のAT460、461話群研究―」(第一三号、二〇〇六年)、「猿蟹合戦とブレーメンの音楽隊―弱小連合、強きをくだく―」(第二〇号、二〇一二年)として発表しています。テーマ別の編集による資料集とは違って、ヨーロッパとアジアを中心にして可能な限りの昔話を集めて、「話群研究」を押し進めているのです。従来のヨーロッパ中心の研究をグローバル研究のレベルに押し上げようとした意義は大きいと思われます。必ずしも明確な結論が出たわけではなく、むしろ結論を急ぐのは困難であることを印象づけますが、現在の資料から言えることを明確にした点で信頼を置くことができます。

3 日中韓で作った翻訳昔話絵本の試み

アジアにおける昔話をめぐる学術交流がなかなか成果を出せない中で、例えば、二〇〇四年(平成一六年)、日中韓子ども童話交流事業実行委員会企画で『日本・中国・韓国の昔話集』(国立オリンピック記念青少年総合センター）全三巻が発行されています。著者・画家として、日本の小沢俊夫・馬場英子《ばばえいこ》・太《おお》田《た》大八《だいはち》・大竹聖美《おおたけきよみ》、中国の劉守華《リュウシュカ》・蔡皋《サイコウ》・季穎《キエイ》・金東勲《キムトウクン》、韓国の金和経《キムホアキョン》・金晟敏《キムソンミン》が協力しました。その内容は次のとおりです。

・『日本・中国・韓国の昔話集1　天人女房　ほか5話』
1　天人女房（日本）　2　牽牛星と織女星（中国）　3　仙女と木こり（韓国）　4　天道さん、かねのくさり（日本）　5　熊ばあさん（中国）　6　お日様とお月様になったきょうだい（韓国）

・『日本・中国・韓国の昔話集2　一寸法師　ほか5話』
1　一寸法師（日本）　2　木の鳥（中国）　3　ひきがえるの報恩（韓国）　4　やまなしとり（日本）　5　高亮、水を取りもどず（中国）　6　むすこを埋めようとした孝行者のはなし（韓国）

・『日本・中国・韓国の昔話集3　さるとかえるのもちころがし　ほか10話』
1　さるとかえるのもちころがし（日本）　2　なつめ太郎（中国）　3　トッケビのはなし（韓国）　4　ねずみのよめ入り（日本）　5　いちばん強いのはだれ（中国）　6　しかとうさぎとひきがえるの年自慢（韓国）　7　どっこいしょ（日本）　8　ねこはどこに行った（中国）　9　青がえるの親不孝（韓国）　10　にんじんとごぼうと大根（日本）　11　鏡のはなし（韓国）

各巻の巻末には、この事業のまとめ役を務めた小沢俊夫の「かいせつ」、委員長・森喜朗《もりよしろう》と副委員長・扇千景《おうぎちかげ》の「ごあいさつ」が入っています。小沢の「かいせつ」によれば、第1巻は日本・中国・韓国で共通して伝承されている昔話で、国際比較ができるもの、第2巻は日本・中国・韓国の代表的な昔話、第3巻は日本・中国・韓国で小学校の低学年から読める昔話を取り上げて構成したことがわかります。こうした昔話を通して、三カ国が「いわば兄弟であること」を知り、同時に「それぞれ異なった面をもっていること」も知ってもらいたいという意図を述べています。

「ごあいさつ」には「絵童話本」という耳慣れない言葉が見えますが、例えば、日本の「天人女房」は小沢俊夫文、太田大八絵で載せられ、それに中国語と韓国語の翻訳が付いています。中国の「牽牛星と織女星」は劉守華選編、蔡皋絵、馬場英子訳で載せられ、中国語の原文と韓国語の翻訳が付いています。韓国の「仙女ときこり」は金和経文、金晟敏絵、大竹聖美訳で載せられ、中国語の翻訳と韓国語の原文が付いています。全三巻は、同じようにして、三カ国の学者・画家・作家の連携によって作られているのです。

扇千景は、この事業が子どもゆめ基金に拠って実現されたことに触れています。そのため、学術的な指摘は「かいせつ」の中で分担して触れる程度に留め、子供たちを読者に設定して編集しています。第3巻は小学校の低学年を対象にしたことが明示されていますが、同様に考えると、第2巻は中学年、第1巻は高学年にふさわしいと言えるかもしれません。だが、基金を使ったため非売品であり、日本はもとより、中国や韓国の小学校にどの程度配布され、どのように使用されたかを知ることができません。よい企画ですが、発行して終わってしまった点では、大きな不満が残ります。

4　昔話の継承と現代的課題に向き合う実践

柳田国男をはじめとする研究者は、昔話は消滅するものだと考えましたが、それを語り伝える語り手の中から、未来に昔話を語り継ぎたいという動きが起こっています。研究者の多くが男性だったのに対し、そうした活動を進めた語り手の多くは女性です。昔話が消滅する危機感は、それだけに留まらず、少子高齢化といった厳しい現実と連動しています。そうした中で、家庭の中で語られなくなった昔話を観光の場に引き出し、観光資源として活用しはじめます。

しかし、語り手自身の高齢化が進み、地域の過疎化が顕著になると、次代を担う子供たちのふるさと意識を喚起しようとして、昔話が教育の場に持ち込まれました。折しも学校では、「学習指導要領」の改訂に伴って、「総合的学習」の時間が設けられ、特殊な技能を持つ地域の人材を学校教育に活用しはじめていました。そうした中で、定期・不定期に語り手が学校を訪れるようになったのです。

そのような動向を前にして、私自身は、昔話を未来に継承し、さらにはいじめ・環境・災害など現代社会が直面する諸課題に向き合うために生かせないものかと考えました。そして、一世紀をかけて集めた昔話を研究室や図書館に眠らせたままにするのではなく、大切な遺産として活用したいと考えました。それは、昔話にはノスタルジーを喚起する世界があるとするような見方とはまったく異なります。しかも、繰り返し実施してきたフォーラムを記録として残し、エッセイや論考を加えて、テーマを明確化する編集を行い、次のように三弥井書店から発刊してきました。

・『子どもに昔話を！』（二〇〇七年）
・『昔話を語る女性たち』（二〇〇八年）
・『昔話と絵本』（二〇〇九年）
・『昔話を愛する人々へ』（二〇一一年）
・『昔話にまなぶ環境』（二〇一一年）
・『児童文学と昔話』（二〇一二年）
・『震災と語り』（二〇一二年）
・『子守唄と民話』（二〇一三年）
・『震災と民話』（二〇一三年）
・『昔話を語り継ぎたい人に』（二〇一六年）
・『現代に生きる妖怪たち』（二〇一七年）
・『世界の教科書に見る昔話』（二〇一八年）
・『復興と民話』（やまもと民話の会と共編、二〇一九年）

このシリーズは全国の公共図書館や大学図書館に置かれ、研究者のみならず、幅広い読者に読まれています。従来の研究と啓蒙という二分法をやめ、第一線の研究がそのまま昔話の普及につながるように意識して編集しています。そのために、講演やシンポジウムを実況中継するように載せて第一部を構成し、関連するエッセイや論考を集めた第二部もデス・マス体で統一しました。それによって、平易な言葉で語りかけるような文体が生まれ、読みやすい本を作ることができています。

　このシリーズの特色の第一には、意識的に女性の協力を得たことがあります。岩崎京子・松谷《まつたに》みよ子・あまんきみこ・宮川《みやかわ》ひろ・小山内富子《おさないとみこ》・しまなぎさ・八百板洋子《やおいたようこ》・高田桂子《たかだけいこ》といった児童文学作家や翻訳家が巻頭言を書いています。また、櫻井美紀・野村敬子・荻原眞子《おぎはらしんこ》・馬場英子・西舘好子《にしだてよしこ》・小野《おの》和子《かずこ》といった研究者が講演やシンポジウムを行っています。第二部のエッセイや論考にも女性の執筆者は多く、男性中心に行われてきた研究を根本的に改めたいと考えました。

　特色の第二は、日本各地で活動する昔話の語り手を招いて語りを聞いたことです。青森県の成田《なりた》キヌヨ・対馬《つしま》てみ、岩手県の高橋貞子《たかはしさだこ》、宮城県の伊藤正子《いとうまさこ》、山形県の渡部豊子、福島県の横山幸子《よこやまさちこ》・五十嵐《いがらし》七重《ななえ》、国際結婚で日本に暮らす韓国の金基英《キムキヨン》など、多くの語り手がフォーラムで語っているほか、東京学芸大学の授業でも語ってもらい、それらを「語りのライブ」として収録しました。それによって、従来は余興のような扱いでしかなかった昔話の語りを実践的な研究の中に置くことができました。昔話は研究者のみならず、昔話の継承に力を注ぐ語り手にとっても大事であることが共有されるようになったと思われます。

　また、二〇一一年（平成二三年）三月一一日に東日本大震災が起こって、被災地ではこの震災を未来に語り継がねばならないという活動が生まれました。宮城県のやまもと民話の会の『小さな町を呑みこんだ巨大津波』全三巻（二〇一一〜一二年。二〇一三年に一巻にまとめて小学館から復刊）は、自らの体験を書き残しただけでなく、周囲の人々の話を聞いて、自立的な復興への歩みを促した点で貴重です。他にも記録集は生まれていますが、それだけではやがて忘却されてしまいますので、長く語り継ぐためのシステムを構築する必要があります。『震災と民話』ではその提言を述べました。さらに『復興と民話』では、民話が復興を支える力になることを力説しました。

こうした語り継ぐことへのこだわりは、被災地に限らず日本各地で生まれています。語り手たちが会を組織して活動を進めていますが、会員には女性が多く見られます。その背景には、少子高齢化が進み、各地で過疎化が著しくなる中で、地域を存続しなければならない、という危機感があります。観光の場でボランティアで語る場合が多いのですが、それでは次世代に継承できないこともあり、近年は教育の場で語る場合が増えています。共通語一辺倒ではなく、土地の言葉（方言）を大切にしようという気運と相まって、昔話をめぐる価値観は大きく変わりつつあります。

5 国際化時代のための植民地時代研究

日本の昔話研究の歩みを回顧するとき、一国民俗学を提唱した柳田国男はもちろん、昔話の国際的な比較研究を進めた関敬吾にも、腑に落ちない点がいくつかありました。最も重要な疑問点としては、一九四五年（昭和二〇年）以前の、民俗学と人類学が未分化だった時期の足跡の中に、戦後の研究からは見えなくなってしまった点があることです。帝国日本が行った植民地（以下、委任統治領・占領地等を含めてこう呼ぶ）における活動がまったくなかったかのように、戦後の研究は進められてきました。しかし、国際化と情報化が進む時代にあって、植民地時代を検証することなく、今後の研究が展望できるとは考えられません。

一九九〇年代後半から、そうした疑問を抱いて、台湾・朝鮮・南洋群島・満洲の昔話資料を捜し求めてきましたが、そうすると次々と新たな資料が見つかりました。一九四五年以前を知る研究者はそうした資料が作られたことを知っていたはずなのに、学術的な価値がないという理由を付けて、その存在さえ無視しようとしました。その前提には、植民地で行った調査や研究に対する罪悪感もあったのではないかと推測されます。しかし、確かな証言を聞くことができないままに、先人たちはみな鬼籍に入ってしまいました。

そうした中で、古書店から購入したのが『大正十二年伝説集』二冊でした。これは今から九〇年前ほどの一九二三年（大正一二年）、新義州高等普通学校の生徒が夏休みに故郷に帰って聞き集めた昔話や伝説の作文集でした。わずかにハングルが交じるものの、すべて日本語で書かれています。二〇〇七年（平成一九年）、私は『植民地の昔話の採集と教育に関する基礎的研究』で影印と翻刻を公開しました。これが崔仁鶴さんの目に止まり、二〇一〇年（平成二二年）、韓国の民俗苑から石井正己編・崔仁鶴訳『1923年朝鮮説話集』が出版されました。その際、この作文を書かせた「寺門先生」は寺門良隆ではないかという推定を、金廣植《キムガンシック》さんが職員名簿で実証してくれました。

そうした動きと相前後して、台湾・朝鮮・南洋群島・満洲各地の昔話の採集と資料を検証するためのフォーラムを東京学芸大学で開催し、次のような成果を報告書を残してきました。

・『台湾昔話の研究と継承―植民地時代からグローバル社会へ―』（二〇〇九年）
・『韓国と日本をむすぶ昔話―国際化時代の研究と教育を考えるために―』（二〇一〇年）
・『南洋群島の昔話と教育―植民地時代から国際化社会へ―』（二〇一一年）
・『帝国日本の昔話・教育・教科書』（二〇一三年）
・『インドの昔話、その歴史と現在』（二〇一四年）

このフォーラムでは、海外の研究者の招聘を地道に進めることを考えました。韓国からは崔仁鶴・全京秀《チョンギョンス》・金容儀《キムヨンウイ》・張庚男《チャンギョンナム》、インドからはマンジュシュリー・チョーハンの各氏が講演に来てくださり、日本で研究を続ける金廣植さんがサポートしてくれました。金廣植さんは二〇一二年（平成二四年）に『帝国日本における日本語朝鮮説話集の刊行とその推移に関する研究』で博士号を取得し、『植民地期における日本語朝鮮説話集の研究―帝国日本の「学知」と朝鮮民俗学―』（勉誠出版、二〇一四年）として公刊されました。

一方、帝国日本はアジア地域への植民（満洲は傀儡国家としたので移民と呼ぶ）を進める一方で、アメリカ大陸への移民を送り出すという構造で進みました。国定教科書を編纂しつつ、台湾・朝鮮・南洋群島・満洲の各地域でその土地の人々に対する日本語教科書を発行しました。一方、ハワイ・北アメリカ・南アメリカのそれぞれでも日系の子弟に向けた日本語教科書を発行しました。ところが、それらの教科書は、戦後の国語科教育史ではまったくなかったこととされてきたのです。しかし、これらの教科書には、日本の昔話のみならず、各地域の昔話や伝説・神話が教材にされていて、無視することができません。国民国家の精神の涵養に昔話などが大きな役割を果たしてきたことが明らかにされねばならないと思います。

6 「アジアから発信する資料と研究」の可能性

これまで柳田国男にしても、一国民俗学は閉鎖的な印象を持って受け止められ、一国民俗学を超えたところに比較民俗学への道が開けるかのように言われてきました。しかし、柳田国男に内在化する海外への持続的な視線は、丁寧に読めばいくらでも見つけることができます。むしろ、一国民俗学を自ら裏切るかのような論考がいくつもあり、最後の著書とされる『海上の道』（筑摩書房、一九六一年）にしても、そうした視点で考えねば読み解くことができません。そのためには、紋切り型のステレオ・タイプ化した物言いから自由に解放される必要があります。

私自身はあまり賛成していませんが、「柳田国男以後」ということを言うならば、昔話研究の分野でも、次のような比較研究が重ねられてきたことを挙げねばなりません。

・臼田甚五郎・崔仁鶴編『東北アジア民族説話の比較研究』（桜楓社、一九七八年）

・大林太良編者代表『民間説話の研究―日本と世界―』（同朋舎、一九八七年）
・君島久子編『日本民間伝承の源流―日本基層文化の探究―』（小学館、一九八九年）
・野村純一・劉守華編『日中昔話伝承の現在』（勉誠社、一九九六年）

しかし、こうした学術交流は次の世代に継承されず、アジアや世界からの視点が重要であることを意識しつつも、次第に内向きになってしまいました。また、この間に日本の出版事情が悪化して、かつてのような論文集は発行しにくくなり、共同研究の発表が難しくなったこともあります。個別の論文や著書を見れば、各地域の研究は着実に継続されてきましたが、その情報や成果が交流するような状況が作れなくなっています。

今、これまでの研究状況が変わりつつあることは確かです。東アジアで言えば、東京都立大学出身の研究者を母胎にして、大学の枠を超えて会員を広げ、長い間活動を続けてきた中国民話の会が解散しました。『中国民話の会通信』第一〇〇号（二〇一一年）は、一九六七年（昭和四二年）から二〇一一年の中国民話の会の足跡をまとめ、『中国民間文学月報』『中国民間文学報』（一九七一～七三年）、『中国民話の会会報』（一九七四～八五年）、『中国民話の会通信』（一九八六～二〇一一年）の総目次を載せています。この会の解散は、日本における東アジアの昔話研究が大きな曲がり角に来たことを象徴するように感じられます。

その一方で、天理大学と同志社大学の関係者で組織した日韓比較文学研究会が活動を始め、『日韓比較文学研究』は第三号（二〇一三年）まで発行されています。まだ活動が広がりを見せているわけではなく、「比較文学」を名乗るとおり、昔話というより説話をはじめとする古典を対象とした研究が中心です。しかし、翻訳資料として「『韓国口碑文学大系』の翻訳」を継続して掲載しているのは、特筆すべき成果であると言えます。第一号（二〇一一年）には1）111－1「解慕漱」～26）211－4「木神の恩返し」、第二号（二〇一一年）には27）212－1「三つ子の丞相」～47）215－9「神勒寺の伝説」、第三号には48）221「龍沈川伝説」～67）232「新郎に化けた白狐」が載っています。『韓国口碑文学大系』は、文献を含めて、昔話や伝説を広く収録しており、調査の状況まで再現していることが広く知られるようになってきたのは貴重です。これは、日韓比較文学研究会編『翻訳『韓国口碑文学大系』1』（金運堂出版、二〇一六年）で、「【1】解慕漱」から「【67】新郎に化けた白狐」に加え、「【68】稲の種の訟事」から「【100】がまがえる、狐、そして兎の競い」までが収録されました。

　思えば、中国・韓国・日本の研究状況には微妙な違いがありますが、同時代を歩んでいる事実は重く、その違いを乗り越えて東アジアの昔話を共同で考えてゆくことは、政治や経済を優先しがちな社会状況にあって、学問の果たすべき役割ではないかと思われます。各国の言語の違いは対話を進める上で壁になることは確かですが、心ある研究者の交流を進めるためには、通訳や翻訳を仲立ちにすることを恐れてはなりません。相互に講演やシンポジウム・研究発表に参加することはもちろんのこと、各国の学会が大会や例会を他国で開催するようにして学術交流の基盤を整備してゆくことが求められます。また、昔話を専門家の独占にせず、民俗学・人類学・国文学・歴史学・教育学・心理学・児童学等の諸学問が交流できる出会いの場にしてゆく必要もあります。

ヨーロッパから起こった昔話研究は、確かに先進的ですが、昔話を今もなお大切に継承しつつあるアジアから発信するべきことは少なくありません。『日本昔話通観　研究篇2』には、「編集趣旨」に言うように、「アジア側からの資料と研究」が意図されていました。ナショナリズムとグローバリズムがせめぎ合う状況にあって、人類史的な研究対象として最も意義を持つと考えられる昔話の再評価が望まれます。海外に向けた研究は英文でなければ評価が得られにくいことも確かですが、東アジアから世界に向けた発信まで視野に入れた共同研究の体制づくりが急務になっています。

（二〇一三年一〇月一八日、韓国・全南大学校で開催されたアジア説話学会国際学術大会の講演）

付記

この講演については若干データを追加し、現在の状況につなげました。なお、日中韓の昔話を考える上で重要な成果に、鵜野祐介編著『日中韓の昔話―共通話型三〇選―』（みやび出版、二〇一六年）があります。

無形文化遺産と日本

1　グローバルスタンダードとしての世界遺産

今日（二〇一四年一一月一四日）は、韓国比較民俗学会の席でお話しできることを大変光栄に思い、改めて感謝申し上げます。お手元の冊子には、私が二〇一二年（平成二四年）一月に秋田県で行いました「文化財としての説話」を韓国語に翻訳したものを載せていただきました。しかし、今日は「ユネスコの無形文化遺産体制に対する批判的検討」というテーマです。これは、今、民俗学界が最も真剣に向き合わなければいけない重要なテーマであると思います。従って、二年前の記録は記録としてお読みくださり、今日のお話を聞きながら考えていることを申し上げてみたいと思います。

一九七二年（昭和四七年）に、ユネスコの世界遺産条約が採択されて、人類の遺産として顕彰することが始まりました。国家や民族・言語を超える普遍的な価値を見出して、保存と振興に力を注ごうと考えたのです。世界遺産には、大きく自然遺産、文化遺産、その複合遺産という三つの領域があります。どれも、顕著で普遍的な価値を持つものという位置づけがなされました。

これは、一言で言えば、グローバルスタンダードが生まれたということになります。それは、先ほどもお話がありましたように、ヨーロッパを中心とした価値観の中で、先進国を中心に進められてきました。同時に、一方では、発展途上国の遺産の保護と修復に力を注ぐことでもありました。例えば、カンボジアのアンコールワット遺跡などは、その代表的なものです。

ところが、世界遺産は二〇世紀末になると、頭打ちになってきました。これ以上登録数を増やすと、それまでに登録したものの価値が相対的に低下するという現実と向き合わざるを得なくなったからかと思います。そういう状況にあって、世界遺産の定義を拡大してゆくということで、一九九二年（平成四年）に世界記憶遺産条約、二〇〇三年（平成一五年）に世界無形文化遺産条約を採択します。記憶遺産は原稿・書籍・写真・絵画などを遺すことです。例えば、世界的に知られているものでは、ベートーベンの第九の楽譜、グリム童話の草稿・初版、韓国では海印寺大蔵経板などがあります。

今日は最後に、無形文化遺産と記憶遺産のかかわりをお話ししてみたいと思います。なお、先ほどのお話では、無形文化遺産は、アジア、特に韓国がリーダーシップを取りながら、その条約制定にまでこぎつけたというお話を伺って、とても感銘しました。

2　日本における文化財から地域遺産まで

日本では、一九五〇年（昭和二五年）、文化財保護法が制定されます。第二次世界大戦後、二つの出来事が起こりました。一つは、日本の美術品・芸術品が海外に売られてゆくのをどのようにしてストップするかということ、もう一つは前年の一九四九年（昭和二四年）、七世紀初めに聖徳太子が建てた法隆寺金堂の壁画が焼失することがありました。最近で言いますと、二〇一一年（平成二三年）の東日本大震災の津波によって多くの文化財が流出し、博物館の関係者は文化財レスキューという形で、流された文化財を救い、この三年あまり修復に大変な力を注いできました。

私たちが調査と研究の対象にしてきた民俗は、日本の文化財保護法の中では、当初は有形文化財に入っていました。やがて、民俗資料は一九七五年（昭和五〇年）に民俗文化財という項目で独立し、その中を有形民俗文化財、無形民俗文化財に分けました。無形民俗文化財は、一般庶民の風俗・習慣、民俗芸能、年中行事などを扱います。つまり、私たち民俗学者が長い間研究してきたものです。また、民俗文化財とは別に、無形文化財という概念があります。これは、能楽・歌舞伎・浄瑠璃のような伝統芸能、あるいは陶磁器・漆器のような伝統工芸の保持者を認定するというものです。ですから、世界の無形文化遺産は、これらを複合したものであると見ることができます。

一方、民俗文化財は、そのジャンルを認定するのであって、個人や団体を認定してはいけないという束縛があります。そういう中で、二一世紀に入るころから、世界遺産に刺激されたと思いますが、文化財を保存・保護するだけではなく、積極的に活用・振興しようということが言われるようになります。

その流れの中で、文化財を生かした町づくりが始まり、東京でも二三区で積極的に行われるようになり、近年は郊外の市町村にも大きな影響を与えています。あわせて、日本では、地域遺産が非常に盛んになっています。あきた遺産、遠野遺産はみなそれで、文化財に指定するほどではないが、地域の人々が大切な財産だと思っているものを遺産として登録するものです。なかには、登録された文化財に交付金を出している場合もあります。

3　民俗学の社会的役割と現在の状況

次に、私たち民俗学者が文化財とどのように関わってきたのかについて申し上げます。日本の民俗学を創設した柳田国男は、民間の学問としてこれを出発させました。ところが、文化財保護法が制定されて間もなく、一九五八年（昭和三三年）から、東京教育大学・成城大学といった大学で民俗学を教えるようになり、アカデミックな民俗学が成立します。

その中で、民俗学者が果たした社会的な役割は三つあったと思います。一つは、この文化財の保護審議委員になることです。二つは、市町村史の編纂、特に民俗編の編纂を行うことです。そして三つは、博物館の学芸員になったり、博物館の民俗展示を支援したりすることです。この三つが民俗学者の社会的な役割になり、考古学者や歴史学者と手を携え、時には対立しながら、民俗という領域を作り上げてきたわけです。

ところが、二〇世紀末から状況が変わります。国・都道府県・市町村単位で文化財を指定してきましたけれども、伝統ある民俗文化の文化財の指定は一通り終わり、新たな発見が難しくなりました。そして、市町村史の民俗編を作りましたが、どの都道府県・市町村でも二〇世紀の間に作り終えて、予算がなくて二度目を作ることは難しくなりました。博物館は日本各地に設置されましたが、個性を追求しなければならない時代に入ってきました。民俗展示も硬いところから柔らかいところに動いてきて、それまでの生業・信仰から妖怪の展示が増えてきました。

一方、日本の民俗学は、農村から都市へ、古代から現代へ、フィールドワークから理論へ大きく動いてきました。今、二一世紀になって、将来の民俗学をどう展望するのかという岐路に立たされています。大きく言えば、攻めるのか、守るのか、と言ってもよいと感じます。その選択で言えば、ほとんどの民俗学者は守りに入っていて、研究は社会性を喪失しています。

そういう中で、私自身は民俗学の活力を見出したいと考えて、大学の中に閉じこもらずに、社会との結びつきを深める努力を重ねてきました。エピソードを二つ申し上げましょう。ある大学での講演会の打ち合わせの時に、中堅の研究者から、「石井先生、民俗学に対する批判的なことは言わないでください」と念押しされたのです。私は、民俗学に対して一方的な批判など申し上げたことはありません。これを二一世紀にどう生かすかということは考えますが、誤解されているのかなと思った経験があります。あるいは、ある学会のシンポジウムのときのフロアからのご意見で、これは著名な民俗学者からですけれども、「石井さんは社会運動家だから」と言われて、私は苦笑したわけです。でも、私にとっては、批判されながらも、どちらも褒められたなと勝手に思っているわけです。

4　世界遺産の経済効果と被害

今、国際化が急速に進み、世界遺産登録がグローバルスタンダードになっています。これは、国の誇りやアイデンティティーとも深く結びついています。ただし、一方ではそれがたてまえでしかないことを、私どもは認めざるを得ません。実は、世界遺産登録の本音は経済効果にあると思われるからです。観光による経済効果をぬきに、世界遺産登録への道筋は今や考えにくいと言わざるを得ません。

例えば、日本の世界遺産について言いますと、文化遺産では、一九九五年（平成七年）に、岐阜県・富山県の白川郷の合掌造りが登録されます。三〜四階建てくらいの巨大な木造建物で、かつて大家族が暮らしていました。今、白川郷には、年間一〇〇万人を超える観光客が来るようになっています。

自然遺産では、一九九三年（平成五年）に登録された鹿児島県の屋久島。ここには、樹齢何年かはわかりませんが、大変な年月を経た縄文杉といわれる巨木があります。ここも年間四〇万人の人が訪れています。ですから、世界遺産登録は、町をがらりと変えてしまうほどの観光的インパクトを持っていることになります。

しかし、一方では世界遺産被害というマイナスの側面が指摘されています。白川郷に一〇〇万人も来れば人があふれてしまいますし、屋久島に四〇万人が来れば生態系が変わってしまう心配があります。心ある人たちの中には、世界遺産による変化に心痛めている人たちがいることも確かです。しかし、地方は疲弊し、過疎高齢化が進んでいますから、何を以て未来を描くのかというときに、地域経済の活性化のために世界遺産が果たす役割がとても大きいと考えていることはやはり事実です。

一〇月二八日の『日本経済新聞』に、「無形文化遺産へ　和紙が無形文化遺産になる」という記事がありました。楮《こうぞ》という植物の繊維を使って紙を作る日本の伝統的な工芸技術で、これが無形文化遺産に登録される見通しが決まりました。すでに、「石州半紙」、石州は石見の国、今の島根県西部ですけれども、そこの半紙が認定されていました。それを拡大登録して、「美濃紙」「細川紙」を含める動きです。

この間、日本が力を注いで無形文化遺産の登録を目指したのは、既に認定されました「和食」です。ちょうど同じ時期に、二〇二〇年に東京オリンピック・パラリンピック招致が決まりました。日本の中では、オリンピック・パラリンピックを通した日本文化の発信を考えていますので、「和食」はその流れと大きく関わってゆくだろうと予想されます。

5 昔話を商品化した遠野

この間、私は、民俗の中でも口承文芸、なかでも韓国では「説話」、日本では「昔話」と呼ぶ分野に誰よりも深く関わってまいりました。その入口は、岩手県の遠野で一九一〇年（明治四三年）に生まれた『遠野物語』だったわけです。遠野は北上山地の小盆地ですけれども、四〇キロほど東に行くと三陸のリアス式海岸があります。二〇一一年の東日本大震災で大きな被害を受けた地域です。

『遠野物語』には、津波で亡くなった奥さんが幽霊として現れて会話をするという不思議なお話があります。それだけではなく、神様・妖怪・幽霊・野生動物が人々の生活のすぐそばにいるのが、『遠野物語』の世界です。『遠野物語』は日本民俗学の出発を記念する名著と言われていますが、名著になったのはそう古いことではありません。

遠野では、一九七〇年（昭和四五年）に岩手国体というスポーツ大会が開かれ、観光客を迎えるにあたって二つのことをしました。一つは、発刊六〇年を迎える『遠野物語』を顕彰しようということであり、もう一つは、昔話を語る語り部を活躍させたいということでした。その二つがハードとソフトで絡みながら、文化資源＝観光資源として、遠野の中から見直されました。

その結果、遠野にある昔話が語り部の口を通して観光の場で語られるようになります。「河童」「オシラサマ」「ザシキワラシ」が三大話です。そうすると、六〇年前の『遠野物語』が今も生きているというシステムができあがります。けれども、語り部は『遠野物語』を知っていたわけではなく、『遠野物語』を覚えて観光の場で語る、「創られた伝統」だったわけです。やがて二一世紀に入るころから、観光客が昔話を聞くのを有料化して、昔話の商品化を図るようになります。

この間、私はいくつも遠野に関する本を書きました。二〇〇二年（平成一四年）の『遠野の民話と語り部』（三弥井書店）は、研究と観光のシステムを書いたものです。どちらかというと観光について肯定的に書いてあります。それに対して、一〇年後の二〇一二年（平成二四年）の『昔話と観光』（三弥井書店）は、菊池力松《きくちりきまつ》という語り手の娘さんたちを追ったものです。ここでは、観光についてはやや否定的に書いてあります。昔話を商売にすると、お客さんを喜ばせるために、昔話が変質してしまいます。ときには卑猥な話が好まれるというようなこともあります。特に昔話を伝える人々の心が変わっていることに、非常に恐れを抱きました。これは東日本の一例で、昔話を観光に使った場合です。

6　昔話を文化財にした佐治

もう一つは、昔話を観光資源にしなかった町の例で、西日本の鳥取県の佐治《さじ》という山間の集落の場合です。ここでも、やはり一九七〇年代に佐治谷話を記録に残し、文化財にしたいという動きが始まります。佐治谷話が忘れられようとしているときに、やっと記録に残した貴重な遺産です。

ところが、佐治谷話というのは、柳田国男が「愚か村話」と呼んだ昔話です。つまり、近隣の人々から「佐治の阿呆話」「佐治の馬鹿話」と呼ばれた愚か者の失敗談が、佐治谷話のほとんどすべてです。佐治の人が山から鳥取の町へ出ると、鳥取の人はこの話を本当のことだと思って、「佐治の者はそんなに阿呆なのか」と蔑《さげす》んだので、佐治のお年寄りはコンプレックスを抱いてきたのです。

そこで、佐治谷話は残さない方がよいという人々と、いや、残さなきゃいけないという人々の中で摩擦が生じます。結局、これを記録に残し、やがて二〇〇四年（平成一六年）に無形民俗文化財に指定されます。先ほど申しましたように、民俗文化財は保持者を指定しないことが原則ですけれども、これは原則を破ってさじ民話会を指定しています。

愚か村話の一つに、「蟹の褌《ふんどし》」という話があります。山の佐治の若い者が浜の妻の家に呼ばれてゆく。浜では、ちょうど今頃から季節ですけれども、蟹が出される。そのときには、「蟹は褌を外して食べるものだ」と教えられるわけです。婿は妻の家に行って、夕方食事を出される。「蟹は褌を外して食べるものだ」と教えられたので、自分の袴を取り、さらに自分の褌を外して食べ始め、みんなに笑われたのです。もちろん、蟹はひっくり返してお腹の所を外して食べるもので、それは「褌を外す」という食事の作法だったわけです。「蟹の食べ方も知らない阿呆か」と言われて、それが本当にあったかのようにして、佐治の者は笑われたのです。

ところが、日本にはこうした愚か村話を伝える地域が三五カ所あります。それらが本当にあった話ではないことは、どこにも同じ話が伝わることからもわかります。これは愚か者の話を実話化し、佐治の伝説にしたと見ていい話です。

日本民話の会の研究『世界の愚か村話』(三弥井書店、一九九五年)によれば、こういう愚か村話は世界中にあるということが明らかになっています。佐治では、これを文化財に指定しましたけれども、観光に対しては常にブレーキをかけてきました。つまり、「自分たちが笑われた話で村づくりをするのか」という批判があるのです。私たち研究者は、こういう昔話が生まれた背景について、誤解のないように説明する義務があります。

佐治谷話は、そうした意味で言えば、「負の遺産」ということになります。そうしたものも含めて、私たち研究者は、昔話は現代においていったいどういう価値があり、なぜ今必要なのかということを説明する必要があります。それは民俗学者の社会的な役割ではないかと考えているわけです。

民俗学者はたくさんの昔話を記録しましたけれども、それらを地域に戻すことに積極的ではありませんでした。地域に戻せば、学問の材料として好ましくない昔話が広まり、純粋な昔話が記録できなくなることを恐れたからです。しかし、二一世紀はもうそういう時代ではないと思います。私たちが昔話という遺産を未来に伝えてゆかなければ、せっかく残した意味がないと思うのです。

7 世界記憶遺産と民俗資料の未来

時間になりましたので、あと一つだけお話させてください。それは、世界記憶遺産との関わりです。私たちが二〇世紀に集めた民俗資料は、二一世紀、二二世紀と進んでゆく間に、やがて歴史的な価値を持つようになると思います。例えば、日本には、今から二〇〇年ほど前に東北地方を歩いて、民俗を記録し、絵画に残した菅江真澄《すがえますみ》という人がいます。

一方、秋田県の男鹿半島には伝わるナマハゲは、今、国指定重要無形民俗文化財になっています。毎年一二月三一日の夜、家々の戸をドンドンと叩いて訪れ、「怠け者はいないか」「泣く子はいないか」と言う来訪神です。このナマハゲの二〇〇年前の絵画を遺したのは、菅江真澄です。

今、男鹿半島では、五〇カ所を超える集落で、ナマハゲ行事を行っています。それと同時に、一方では、「なまはげ館」という、ナマハゲの面などを展示した施設、「伝承館」という、毎日なまはげが出てくる体験館があります。そして、今では秋田県を代表する観光キャラクターとして、ナマハゲは独り歩きを始めています。

真澄が描いた絵画には、二〇〇年前から今日まで伝わる行事もあれば、八郎潟の氷の下の魚を獲る漁業のように、半世紀前に途絶えてしまった生業もあります。八郎潟は日本で二番目に大きい湖でしたが、一九六〇年代、米を作るために四分の三が埋められてしまったからです。真澄が描いた二〇〇年前の氷下漁業の様子は、歴史遺産としての価値を持つことになります。

菅江真澄の絵画の中には、今も残っている民俗もあれば、消えていった民俗もあります。先月、秋田県立博物館で行った講演では、「菅江真澄の残したものを世界記憶遺産に出してはどうか」と提案しました。グローバルスタンダードにすることによって、秋田県の若い人の関心が薄くなっている菅江真澄の価値を、世界的に意味づけることができるからです。安易に乗ることに批判があることは、今日のテーマの趣旨でもありますが、一方で地方の抱えた切実な現実があることも事実です。

最後は、少し話が広がってしまいましたが、率直に今考えているところを申し上げました。ご清聴ありがとうございました。

（二〇一四年一一月一四日、木浦大学校における韓国比較民俗学会における講演）

初出一覧

文体をデス・マス体に統一し、若干の補訂を行いました。初出誌は次のとおりです。

・異類婚姻譚の系譜……原題「日本文学における人鬼交驩―異類婚姻譚の系譜を中心として―」檀國大學校日本研究所編『韓国研究財団一般共同研究事業　第2次年度第5・6次コロキウム』檀國大學校日本研究所、二〇一六年九月

・いじめと昔話の対抗力……研究代表者石井正己『平成二九年度特別開発研究プロジェクト報告書　言葉を通して生きる力を育む国語科の授業に関する総合的研究』東京学芸大学、二〇一八年二月

・戦争と昔話―井上ひさし『父と暮せば』―……原題「戦争―井上ひさし『父と暮せば』―」研究代表者石井正己『平成二九年度特別開発研究プロジェクト報告書　言葉を通して生きる力を育む国語科の授業に関する総合的研究』東京学芸大学、二〇一八年二月

・現行教科書と昔話……原題「教科書と昔話」……研究代表者石井正己『平成二九年度特別開発研究プロジェクト報告書　言葉を通して生きる力を育む国語科の授業に関する総合的研究』東京学芸大学、二〇一八年二月

・柳田国男とグローカル研究―『遠野物語』と『昔話覚書』―……『現代思想』第四〇巻第一二号、二〇一二年九月

・昔話研究の未来をどう考えるか―柳田国男『昔話覚書』から――……研究代表者石井正己『平成二五年度広域科学教科教育学研究経費報告書　国際化時代を視野に入れた説話と教科書に関する歴史的研究』東京学芸大学、二〇一四年三月

・昔話研究の現状と展望……原題「日本における昔話研究の現状と展望」研究代表者石井正己『平成二五年度広域科学教科教育学研究経費報告書　国際化時代を視野に入れた説話と教科書に関する歴史的研究』東京学芸大学、二〇一四年三月

・無形文化遺産と日本……研究代表者石井正己『平成二六年度広域科学教科教育学研究経費報告書　国際化時代を視野に入れた文化と教育に関する総合的研究』東京学芸大学、二〇一五年三月

編者紹介

石井正己（いしい・まさみ）
1958年、東京生まれ。東京学芸大学教授、一橋大学大学院連携教授、柳田國男・松岡家記念館顧問、韓国比較民俗学会顧問。日本文学・民俗学専攻。
最近の単著に『100 de 名著ブックス　柳田国男　遠野物語』（NHK 出版）、『ビジュアル版　日本の昔話百科』（河出書房新社）、『昔話の読み方伝え方を考える』（三弥井書店）、『図説百人一首（新装版）』（河出書房新社）、『図説遠野物語の世界（新装版）』（河出書房新社）、『日本民譚の研究と教育』（韓国・民俗苑、韓国語）、『菅江真澄と内田武志』（勉誠出版）、編著に『博物館という装置』（勉誠出版）、『国境を越える民俗学』（三弥井書店）、『昔話を語り継ぎたい人に』（三弥井書店）、『現代に生きる妖怪たち』（三弥井書店）、『文学研究の窓をあける』（笠間書院）、『外国人の発見した日本』（勉誠出版）、『菅江真澄が見た日本』（三弥井書店）、『世界の教科書に見る昔話』（三弥井書店）、『全訳古語辞典第五版』（旺文社）、『復興と民話』（三弥井書店）がある。

現代に共鳴する昔話―異類婚・教科書・アジア―

令和２年１月10日　初版発行

定価はカバーに表示してあります。

©著　者　石井正己
発行者　吉田敬弥
発行所　株式会社 三弥井書店
〒108－0073東京都港区三田3－2－39
電話03－3452－8069
振替00190－8－21125

ISBN978-4-8382-3360-1 C0036
整版　ぷりんてぃあ第二
印刷　エーヴィスシステムズ